ROSETTA SERIES:
DANISH READER

EDITED BY TONY J RICHARDSON

Rosetta Series: Danish Reader
© JiaHu Books
First Published in Great Britain in 2023 by JiaHu Books part
of Richardson-Prachai Solutions, LU7 4QQ, UK.
ISBN: 978-1-78435-310-0

A CIP catalogue record for this book is available at the
British Library
Visit us at: jiahubooks.co.uk

For โม, Τύχω and עלה

INTRODUCTION

I have always been deeply interested in less commonly taught languages, and I am thrilled to have finally dedicated time to compiling this collection of readers. These readers aim to bridge the gap between the abundance of beginner's courses available online for free and the actual reading of native materials.
The English translations provided here are not intended to be exemplary in terms of style, but rather designed to assist you in comprehending the Danish texts. This is particularly evident in the conversations. In my opinion, this approach is the most suitable for a self-contained textbook like this one. Vocabulary that can be easily guessed by those with knowledge of another Germanic language has been omitted.
The articles are loosely grouped by topic, although there are no strict rules. This arrangement facilitates memorisation, as key terms are often repeated across two or three texts.

Enjoy,

Tony.

BILINGUAL TEXTS

DET DANSKE SPROGS HISTORIE

Det danske sprog har en lang og fascinerende historie, der strækker sig tilbage i tid og har udviklet sig gennem forskellige perioder. Sproget tilhører den germanske sprogfamilie og er en del af den nordiske sproggruppe, der omfatter andre sprog som svensk og norsk.

I oldtiden blev området, der i dag udgør Danmark, beboet af germanske stammer, og deres sprog dannet grundlaget for det tidlige danske sprog. De ældste skriftlige kilder på dansk dateres tilbage til 1100-tallet, hvor runeindskrifter blev brugt. Disse indskrifter giver et indblik i det tidlige dansk og viser ligheder med andre germanske sprog på den tid.

I middelalderen begyndte dansk at udvikle sig som et mere differentieret og struktureret sprog. Det blev påvirket af latin og tysk på grund af religiøse og politiske forbindelser. Den første danske bibeloversættelse blev færdiggjort i 1550, hvilket markerede et vigtigt skridt i standardiseringen af det danske skriftsprog.

I løbet af renæssancen og oplysningstiden oplevede det danske sprog en betydelig vækst og udvikling. Litteratur og videnskab blomstrede, og mange vigtige værker blev skrevet på dansk. Reformationen i 1500-tallet spillede også en afgørende rolle i udbredelsen af det danske sprog, da biblen blev oversat til dansk og gjort tilgængelig for folket.

I det 19. og 20. århundrede fortsatte det danske sprog med at udvikle sig og tilpasse sig samfundets behov og ændringer. Industrialiseringen og urbaniseringen førte til nye ord og udtryk, der blev en del af det daglige sprog.

HISTORY OF THE DANISH LANGUAGE

The history of the Danish language is a long and fascinating one that dates back in time and has evolved through different periods. The language belongs to the Germanic language family and is part of the Nordic language group, which includes other languages such as Swedish and Norwegian.

In ancient times, the area that now constitutes Denmark was inhabited by Germanic tribes, and their language formed the basis of the early Danish language. The oldest written sources in Danish date back to the 12th century, where runic inscriptions were used. These inscriptions provide insights into early Danish and show similarities with other Germanic languages of that time.

During the Middle Ages, Danish began to develop as a more differentiated and structured language. It was influenced by Latin and German due to religious and political connections. The first Danish Bible translation was completed in 1550, marking an important step in the standardization of the Danish written language.

During the Renaissance and the Enlightenment, the Danish language experienced significant growth and development. Literature and science flourished, and many important works were written in Danish. The Reformation in the 16th century also played a crucial role in the spread of the Danish language, as the Bible was translated into Danish and made accessible to the people.
In the 19th and 20th centuries, the Danish language continued to evolve and adapt to the needs and changes of society. Industrialization and urbanization led to new words and expressions that became part of the everyday language.

Desuden påvirkede den teknologiske udvikling og globaliseringen også det danske sprog, da nye låneord blev indført fra andre sprog som engelsk.

I dag tales dansk af omkring 6 millioner mennesker, primært i Danmark, Grønland og Færøerne. Det danske sprog er blevet standardiseret og har etableret en række grammatiske og ortografiske regler. Der er dog regionale variationer og dialekter, der bidrager til sprogets mangfoldighed.

Den danske sprogudvikling er et resultat af historiske, kulturelle og sociale faktorer. Det har tilpasset sig og udviklet sig over tid og afspejler det danske samfunds udvikling og identitet. Samtidig er det danske sprog en vigtig del af den nordiske kulturarv og en kilde til national stolthed.

I dag fortsætter det danske sprog med at udvikle sig og tilpasse sig moderne tider. Det påvirkes af teknologi, globalisering og kulturelle strømninger. Det danske sprog er en værdifuld ressource og et symbol på Danmarks kulturelle rigdom og identitet.

Furthermore, technological advancements and globalization also influenced the Danish language, introducing new loanwords from other languages such as English.

Today, Danish is spoken by approximately 6 million people, primarily in Denmark, Greenland, and the Faroe Islands. The Danish language has been standardized and has established a set of grammatical and orthographic rules. However, there are regional variations and dialects that contribute to the diversity of the language.

The development of the Danish language is the result of historical, cultural, and social factors. It has adapted and evolved over time, reflecting the development and identity of Danish society. At the same time, the Danish language is an important part of the Nordic cultural heritage and a source of national pride.

Today, the Danish language continues to evolve and adapt to modern times. It is influenced by technology, globalization, and cultural trends. The Danish language is a valuable resource and a symbol of Denmark's cultural richness and identity.

Sprogfamilie - language family
Runiske - runic
Indsigt - insights
Standardisering - standardization
Oplysningstiden - Enlightenment
Udvikling - development
Industrialisering - industrialization
Globalisering - globalization
Låneord - loanwords
Stavemåde - orthographic
Kulturel arv - cultural heritage
Kulturelle tendenser - cultural trends
Kulturel rigdom - cultural richness

FORBINDELSEN TIL SVENSK OG NORSK

Det danske sprog har en tæt forbindelse til både svensk og norsk på grund af deres fælles oprindelse som skandinaviske sprog. Disse tre sprog er alle en del af den nordgermanske gren af den germanske sprogfamilie og deler mange fællestræk, men de har også nogle vigtige forskelle.

Svensk og norsk er tættere beslægtede med hinanden end med dansk. Denne slægtskab skyldes det faktum, at Sverige og Norge historisk set har været mere tæt forbundet som nationer, mens Danmark har haft en separat udvikling. Dette har resulteret i større lingvistisk lighed mellem svensk og norsk sammenlignet med dansk.

Når det kommer til dansk og svensk, er de to sprog relativt forståelige for hinanden på grund af deres lignende ordforråd og grammatik. Dansk og svensk har mange ord, der ligner hinanden og har samme eller lignende betydning, selvom udtalen kan variere en smule. Dette gør det lettere for danskere og svenskere at kommunikere og forstå hinanden på skrift og i tale.

Når det kommer til norsk, er forholdet til dansk lidt mere komplekst. Der findes to officielle former for norsk: bokmål og nynorsk. Bokmål er stærkt påvirket af dansk, især i skriftlig form, da det blev udviklet som en standardiseret form af norsk baseret på dansk efter Norges union med Danmark fra 1380 til 1814. Bokmål har mange ligheder med dansk i sin ordforråd og grammatik.

CONNECTION TO SWEDISH AND NORWEGIAN

The Danish language has a close connection to both Swedish and Norwegian due to their shared origin as Scandinavian languages. These three languages are part of the North Germanic branch of the Germanic language family and share many common features, but they also have some important differences.

Swedish and Norwegian are more closely related to each other than to Danish. This relationship is due to the fact that historically, Sweden and Norway have been more closely linked as nations, while Denmark has had a separate development. This has resulted in greater linguistic similarity between Swedish and Norwegian compared to Danish.

When it comes to Danish and Swedish, the two languages are relatively mutually intelligible due to their similar vocabulary and grammar. Danish and Swedish have many words that resemble each other and have the same or similar meaning, although the pronunciation may vary slightly. This makes it easier for Danes and Swedes to communicate and understand each other in writing and speech.

When it comes to Norwegian, the relationship with Danish is a bit more complex. There are two official forms of Norwegian: Bokmål and Nynorsk. Bokmål is heavily influenced by Danish, especially in written form, as it was developed as a standardized form of Norwegian based on Danish after Norway's union with Denmark from 1380 to 1814. Bokmål has many similarities with Danish in its vocabulary and grammar.

Nynorsk, derimod, er baseret på norske dialekter og forsøger at bevare en mere "norsk" karakter. Nynorsk er mindre påvirket af dansk og har mere fælles træk med de vestlige norske dialekter. Selvom nynorsk ikke er så udbredt som bokmål, er det stadig en vigtig del af det norske sproglandskab og repræsenterer Norges kulturelle mangfoldighed.

På trods af deres ligheder er der også markante forskelle mellem dansk, svensk og norsk. Dansk har en mere kompleks fonetik og en unik melodi i sin udtale sammenlignet med svensk og norsk. Dansk har også bevaret flere ældre ord og grammatiske træk sammenlignet med de to andre sprog.

Selvom de tre sprog er tæt forbundet, har de udviklet sig individuelt og har hver deres unikke identitet. Men den sproglige lighed og forståelse mellem dansk, svensk og norsk har også skabt mulighed for tæt kommunikation og kulturelt udveksling mellem de tre lande. Det er en del af den rige skandinaviske lingvistiske arv, der fremhæver den gensidige påvirkning og fællesskabet mellem de skandinaviske folk.

On the other hand, Nynorsk is based on Norwegian dialects and seeks to preserve a more "Norwegian" character. Nynorsk is less influenced by Danish and has more common features with the western Norwegian dialects. Although Nynorsk is not as widespread as Bokmål, it is still an important part of the Norwegian language landscape and represents Norway's cultural diversity.

Despite their similarities, there are also significant differences between Danish, Swedish, and Norwegian. Danish has a more complex phonetics and a unique melodic quality in its pronunciation compared to Swedish and Norwegian. Danish has also retained more archaic words and grammatical features compared to the other two languages.

Although the three languages are closely related, they have developed individually and each has its own unique identity. However, the linguistic similarity and understanding between Danish, Swedish, and Norwegian have also facilitated close communication and cultural exchange between the three countries. It is part of the rich Scandinavian linguistic heritage that highlights the mutual influence and community among the Scandinavian people.

Slægtskab - Relationship
Oprindelse - Origin
Beslægtede - Related
Udbredt - Widespread
Bevarelse - Preservation
Archaic - Ældre

DE DANSKE DIALEKTER

De danske dialekter udgør en vigtig del af Danmarks sproglige mangfoldighed og kulturelle arv. Selvom dansk er det officielle sprog og standardiseret i skrift og tale, er der en bred vifte af dialekter, der varierer fra region til region.

Danmarks dialektlandskab kan groft opdeles i tre hovedregioner: østdanske dialekter, jyske dialekter og bornholmske dialekter. Østdanske dialekter tales primært på Sjælland, Lolland-Falster og øerne i Øresund. Disse dialekter har ofte en klarere tilknytning til det skrevne standarddansk og er kendt for deres bløde udtale.

Jyske dialekter er udbredt i Jylland og omfatter en bred vifte af variationer. Jysk dialekt er kendt for sin tunge og robuste udtale, og der er store forskelle mellem dialekterne i det nordlige Jylland og dem i det sydlige Jylland. Jysk har sin egen særegne rytmik og intonation og kan være vanskeligt for nogen fra andre dele af landet at forstå fuldt ud.

Bornholmsk er dialekten på øen Bornholm og adskiller sig markant fra resten af Danmark. Den bornholmske dialekt har en melodiøs og særegen udtale, der gør den let genkendelig. Mange bornholmere taler også standarddansk, men dialekten spiller stadig en vigtig rolle i det lokale samfund og kulturen.

Udover disse hovedregioner er der også mindre dialektvariationer inden for landet. I nogle landområder, især på øerne og i landdistrikterne, findes der lokale dialekter, der er unikke for deres område.

DENMARK'S DIALECTS

Denmark's dialects are an important part of the country's linguistic diversity and cultural heritage. While Danish is the official language and standardized in writing and speech, there is a wide range of dialects that vary from region to region.

Denmark's dialect landscape can roughly be divided into three main regions: East Danish dialects, Jutlandic dialects, and Bornholmian dialects. East Danish dialects are primarily spoken in Zealand, Lolland-Falster, and the islands in the Øresund. These dialects often have a clearer connection to written standard Danish and are known for their soft pronunciation.

Jutlandic dialects are widespread in Jutland and encompass a wide range of variations. Jutlandic dialect is known for its heavy and robust pronunciation, and there are significant differences between the dialects in northern Jutland and those in southern Jutland. Jutlandic has its own distinct rhythm and intonation and can be difficult for someone from other parts of the country to fully understand.

Bornholmian is the dialect spoken on the island of Bornholm and differs significantly from the rest of Denmark. The Bornholmian dialect has a melodic and distinct pronunciation that makes it easily recognizable. Many Bornholmers also speak standard Danish, but the dialect still plays an important role in the local community and culture.

In addition to these main regions, there are also smaller dialect variations within the country. In some rural areas, especially on the islands and in rural districts, there are local dialects that are unique to their area.

Disse dialekter er ofte mere bevarende og har bevaret ældre træk i deres udtale og ordforråd.

Dialekterne i Danmark afspejler den geografiske, historiske og kulturelle mangfoldighed i landet. De er en vigtig del af den lokale identitet og bidrager til en følelse af samhørighed og tilhørsforhold til et bestemt område. Dialekterne bruges i hverdagskommunikation, især i mere uformelle sammenhænge, hvor folk foretrækker at tale deres lokale dialekt.

Selvom dansk er det fælles sprog, og standarddansk anvendes i offentlige institutioner, medier og uddannelsessystemet, er dialekterne stadig levende og bliver passet på og værdsat af lokalbefolkningen. Mange dialekter er også blevet dokumenteret og studeret af sprogforskere for at bevare deres rigdom og kulturelle betydning.

Det danske dialektlandskab afspejler landets mangfoldighed og rigdom i sprog og kultur. Det er en påmindelse om, at selvom dansk er det officielle sprog, er der plads til variation og forskellighed, der beriger det sproglige og kulturelle væv i Danmark.

Sproglige - Linguistic
Mangfoldighed - Diversity
Dialektlandskab - Dialect landscape
Østdanske - East Danish
Lolland-Falster - Lolland-Falster (Danish islands)
Udtale - Pronunciation
Jyske - Jutlandic
Særegne - Distinctive
Genkendelig - Recognizable
Ordforråd - Vocabulary
Bevarende - Preserving

These dialects are often more conservative and have preserved older features in their pronunciation and vocabulary.

The dialects in Denmark reflect the country's geographical, historical, and cultural diversity. They are an important part of local identity and contribute to a sense of solidarity and belonging to a particular area. The dialects are used in everyday communication, especially in more informal settings where people prefer to speak their local dialect.

While Danish is the common language, and standard Danish is used in public institutions, media, and the education system, the dialects are still alive and are cared for and appreciated by the local population. Many dialects have also been documented and studied by linguists to preserve their richness and cultural significance.

The Danish dialect landscape reflects the country's diversity and richness in language and culture. It is a reminder that while Danish is the official language, there is room for variation and differences that enrich the linguistic and cultural tapestry of Denmark.

Træk - Features
Samhørighed - Solidarity
Tilhørsforhold - Sense of belonging
Hverdagskommunikation - Everyday communication
Uformelle - Informal
Værdsat - Appreciated
Sprogforskere - Linguists

"DER ER ET YNDIGT LAND"

Danmarks nationalsang, "Der er et yndigt land," er et nationalt symbol, der hylder Danmarks skønhed, historie og kultur. Sangen er blevet sunget som Danmarks officielle nationalsang siden midten af 1800-tallet og har en dyb forbindelse til landets identitet.

"Der er et yndigt land" blev skrevet af Adam Oehlenschläger i 1819 som en del af et større digt med titlen "Holger Danske." Musikken blev komponeret af Hans Ernst Krøyer og senere arrangeret af Hans Christian Lumbye. Sangen blev først opført offentligt i 1835 og blev hurtigt populær som en hyldest til Danmark og dets folk.

Teksten i nationalsangen fremhæver Danmarks naturlige skønhed, historiske arv og folkelige stolthed. Den beskriver Danmark som et land med blide bølger og frugtbare marker, hvor fortidens helte har kæmpet for frihed og retfærdighed. Sangen udtrykker også et ønske om, at Danmark vil forblive en nation af stolte og modige mennesker.

Siden sin oprettelse er "Der er et yndigt land" blevet en del af den danske folkekultur og er blevet sunget ved en bred vifte af nationale begivenheder, herunder officielle ceremonier, sportsbegivenheder og kulturelle arrangementer. Sangen bringer ofte danskerne sammen og skaber en følelse af enhed og samhørighed.

Selvom "Der er et yndigt land" er den mest kendte og populære danske nationalsang, er det også værd at nævne, at der er andre sange, der har en særlig betydning i forskellige dele af Danmark. For eksempel er "I østen stiger solen op" anerkendt som en regional hymne i Grønland, der er en del af Kongeriget Danmark.

"THERE IS A LOVELY LAND"

Denmark's national anthem, "There is a Lovely Land," is a national symbol that celebrates the beauty, history, and culture of Denmark. The song has been sung as Denmark's official national anthem since the mid-1800s and has a deep connection to the country's identity.

"There is a Lovely Land" was written by Adam Oehlenschläger in 1819 as part of a larger poem titled "Holger Danske." The music was composed by Hans Ernst Krøyer and later arranged by Hans Christian Lumbye. The song was first performed publicly in 1835 and quickly became popular as a tribute to Denmark and its people.

The lyrics of the national anthem highlight Denmark's natural beauty, historical heritage, and popular pride. It describes Denmark as a land with gentle waves and fertile fields, where past heroes have fought for freedom and justice. The song also expresses a desire for Denmark to remain a nation of proud and brave people.

Since its creation, "There is a Lovely Land" has become part of Danish folk culture and has been sung at a wide range of national events, including official ceremonies, sports events, and cultural gatherings. The song often brings Danes together and creates a sense of unity and solidarity.

Although "There is a Lovely Land" is the most well-known and popular Danish national anthem, it is worth mentioning that there are other songs that hold special significance in different parts of Denmark. For example, "In the East, the Sun Rises" is recognized as a regional hymn in Greenland, which is part of the Kingdom of Denmark.

Danmarks nationalsang er en vigtig del af den danske kulturelle arv og en påmindelse om landets historie og værdier. Sangen repræsenterer en national stolthed og kærlighed til Danmark og fungerer som et symbol på samhørighed blandt danskerne. "Der er et yndigt land" fortsætter med at blive sunget og fejret som en hyldest til landet og dets folk, og den fortsætter med at skabe følelsen af fællesskab og national identitet.

Denmark's national anthem is an important part of the Danish cultural heritage and serves as a reminder of the country's history and values. The song represents national pride and love for Denmark, serving as a symbol of unity among the Danish people. "There is a Lovely Land" continues to be sung and celebrated as a tribute to the country and its people, creating a sense of community and national identity.

Nationalsang - National anthem
Yndigt - Lovely
Hylde - Tribute
Fortidens - Past
Retfærdighed - Justice
Enhed - Unity
Samhørighed - Solidarity
Anerkendt - Recognized
Kulturel arv - Cultural heritage

DANMARK OG GRØNLAND

Danmark og Grønland har en særlig og unik relation, der strækker sig over flere århundreder. Grønland er en autonom del af Kongeriget Danmark og har sin egen regering og selvstyre, men det er stadig tæt knyttet til Danmark gennem politiske, økonomiske og kulturelle bånd.

Forbindelsen mellem Danmark og Grønland begyndte med koloniseringen af Grønland af danske opdagelsesrejsende og bosættere. I 1721 etablerede Hans Egede en dansk bosættelse i Nuuk, hvilket blev grundlaget for den moderne danske tilstedeværelse i Grønland. Danmark har spillet en central rolle i udviklingen af Grønland som et samfund og en nation.

Grønland har stor betydning for Danmark både strategisk og økonomisk. Det har en rig naturressourcer, herunder olie, gas, mineraler og fiskeri, der er af stor værdi for både Grønland og Danmark. Samarbejdet om udnyttelsen af disse ressourcer er vigtigt for begge parter og bidrager til den økonomiske udvikling af Grønland og Danmark som helhed.

Danmark yder økonomisk støtte til Grønland for at hjælpe med at opretholde velfærdsniveauet og understøtte den socioøkonomiske udvikling i landet. Grønland modtager også betydelig bistand fra Danmark inden for områder som infrastruktur, uddannelse, sundhedsvæsen og kulturel bevarelse.

Kulturelt set er Grønland en integreret del af det danske kulturelle landskab. Der er et stærkt kulturelt udveksling mellem Grønland og Danmark, og den grønlandske kultur er en vigtig del af den danske nationale identitet.

DENMARK AND GREENLAND

Denmark and Greenland have a special and unique relationship that spans several centuries. Greenland is an autonomous part of the Kingdom of Denmark and has its own government and self-rule, but it remains closely connected to Denmark through political, economic, and cultural ties.

The connection between Denmark and Greenland began with the colonization of Greenland by Danish explorers and settlers. In 1721, Hans Egede established a Danish settlement in Nuuk, which laid the foundation for modern Danish presence in Greenland. Denmark has played a central role in the development of Greenland as a society and a nation.

Greenland holds great significance for Denmark both strategically and economically. It possesses rich natural resources, including oil, gas, minerals, and fisheries, which are of high value to both Greenland and Denmark. Collaboration in the exploitation of these resources is important for both parties and contributes to the economic development of Greenland and Denmark as a whole.

Denmark provides economic support to Greenland to help maintain the welfare level and support socio-economic development in the country. Greenland also receives substantial assistance from Denmark in areas such as infrastructure, education, healthcare, and cultural preservation.

Culturally, Greenland is an integral part of the Danish cultural landscape. There is a strong cultural exchange between Greenland and Denmark, and Greenlandic culture is an important part of the Danish national identity.

Både dansk og grønlandsk er officielle sprog i Grønland, og der er gensidig anerkendelse og respekt for de to sprog og kulturer.

Danmark og Grønland samarbejder også om at tackle udfordringer relateret til klimaændringer og miljøbeskyttelse. Grønland har en stor indflydelse på de globale klimaforhold på grund af sin placering og iskapper, og dette skaber et fælles ansvar for både Danmark og Grønland for at beskytte miljøet og bevare det unikke økosystem.

Selvom der er et tæt bånd mellem Danmark og Grønland, har Grønland også sin egen identitet og kulturelle arv, som er vigtig at bevare og respektere. Grønlænderne har ret til selvbestemmelse og beslutninger om deres egne interne anliggender. Danmark og Grønland arbejder tæt sammen for at sikre, at Grønlands interesser og behov bliver taget i betragtning.

Forholdet mellem Danmark og Grønland erkarakteriseret af gensidig respekt, samarbejde og solidaritet. Det er en forbindelse, der bygger på fælles historie, geografisk nærhed og økonomisk samarbejde. Gennem årtier har Danmark og Grønland opbygget en stærk relation, der fortsætter med at udvikle sig og tilpasses tidens udfordringer og muligheder. Det er en unik relation, der har skabt et tæt bånd mellem det danske og det grønlandske folk og har bidraget til det fællesskab og den fælles fremtid, som begge parter stræber efter at opbygge.

Both Danish and Greenlandic are official languages in Greenland, and there is mutual recognition and respect for the two languages and cultures.

Denmark and Greenland also collaborate in addressing challenges related to climate change and environmental protection. Greenland has a significant impact on global climate conditions due to its location and ice caps, creating a shared responsibility for both Denmark and Greenland to protect the environment and preserve the unique ecosystem.

While there is a close bond between Denmark and Greenland, Greenland also has its own identity and cultural heritage that is important to preserve and respect. Greenlanders have the right to self-determination and decision-making on their internal affairs. Denmark and Greenland work closely together to ensure that Greenland's interests and needs are taken into consideration.

The relationship between Denmark and Greenland is characterized by mutual respect, cooperation, and solidarity. It is a connection built on shared history, geographical proximity, and economic collaboration. Over the decades, Denmark and Greenland have built a strong relationship that continues to evolve and adapt to the challenges and opportunities of the times. It is a unique relationship that has fostered a close bond between the Danish and Greenlandic people and contributed to the community and common future that both parties strive to build.

Selvstyre - Self-rule Selvbestemmelse - Self-determination
Opdagelsesrejsende - Explorers
Samarbejde - Collaboration
Kulturel bevarelse - Cultural preservation
Miljøbeskyttelse - Environmental protection

FÆRØERNE

Færøerne, også kendt som Føroyar, er en autonom øgruppe inden for Kongeriget Danmark. Den består af 18 øer beliggende i det nordlige Atlanterhav mellem Norge og Island. Færøerne har sin egen regering og selvstyrende status, hvilket betyder, at de har kontrol over deres egne interne anliggender.

Færøerne er kendt for deres storslåede natur og maleriske landskaber. Øerne er præget af stejle bjerge, dybe fjorde, grønne marker og dramatiske klippekyster. Det vildeste og mest imponerende landskab findes på øen Streymoy, hvor man finder hovedstaden Tórshavn. Denne charmerende by er kendt for sine farverige træhuse og historiske gader, der daterer sig tilbage til vikingetiden.

Færøerne har en rig kulturel arv og bevarer mange gamle traditioner og skikke. Færøsk musik, sang og dans spiller en vigtig rolle i det lokale samfund. Den traditionelle færøske sang, kaldet "kvaedir", er ofte akkompagneret af enkeltstrengede instrumenter og har en unik og melankolsk lyd. Folkedans er også en populær tradition, hvor danserne udfører komplekse trin og bevægelser i farverige nationaldragter.

Færøerne er også kendt for deres maritime kultur og traditionelle fiskeri. Øerne har en lang historie som fiskerisamfund og er berømte for deres kvalitetsfisk og skaldyr. Færøsk gastronomi omfatter retter såsom tørfisk, røget laks, saltede får og traditionelle kager lavet med lokale ingredienser. Færøsk mad er ofte baseret på friske og naturlige råvarer fra havet og det omkringliggende landskab.

THE FAROE ISLANDS

The Faroe Islands, also known as Føroyar, is an autonomous archipelago within the Kingdom of Denmark. It consists of 18 islands located in the North Atlantic between Norway and Iceland. The Faroe Islands have their own government and self-governing status, which means they have control over their own internal affairs.

The Faroe Islands are known for their magnificent nature and picturesque landscapes. The islands are characterized by steep mountains, deep fjords, green meadows, and dramatic cliffs. The wildest and most impressive scenery can be found on the island of Streymoy, where the capital city of Tórshavn is located. This charming town is known for its colorful wooden houses and historic streets dating back to the Viking Age.

The Faroe Islands have a rich cultural heritage and preserve many ancient traditions and customs. Faroese music, singing, and dancing play an important role in the local community. The traditional Faroese singing, called "kvaedir," is often accompanied by single-stringed instruments and has a unique and melancholic sound. Folk dancing is also a popular tradition, with dancers performing intricate steps and movements in colorful national costumes.

The Faroe Islands are also known for their maritime culture and traditional fishing. The islands have a long history as fishing communities and are famous for their quality fish and seafood. Faroese cuisine includes dishes such as dried fish, smoked salmon, salted lamb, and traditional cakes made with local ingredients. Faroese food often relies on fresh and natural ingredients from the sea and the surrounding landscape.

Turismen spiller en stadig vigtigere rolle for Færøernes økonomi. Øgruppen tiltrækker besøgende fra hele verden, der kommer for at opleve den enestående natur, den autentiske kultur og den fredelige atmosfære. Vandreture, fuglekiggeri og bådture er populære aktiviteter for turister. Færøerne er også et paradis for fotografer på grund af de storslåede landskaber og dramatiske veje, der snor sig mellem bjergene.

Den færøske regering har fokus på bæredygtig udvikling og bevaring af naturen. Øgruppen har implementeret strenge miljøbeskyttelsespolitikker for at sikre, at den unikke natur og det økologiske system bevares for fremtidige generationer. Færøerne har også været førende inden for grøn energi, idet en betydelig del af øgruppens energiforsyning kommer fra vedvarende energikilder som vind og vandkraft.

Færøerne er et unikt og fascinerende sted med en rig historie, en levende kulturscene og betagende naturskønhed. Kombinationen af uberørte landskaber, traditionelle skikke og varm gæstfrihed gør det til et dragende rejsemål for rejsende, der søger en autentisk og engagerende oplevelse. Uanset om man udforsker de barske bjerge, vandrer gennem charmerende landsbyer eller smager på lokale delikatesser, så tilbyder Færøerne et virkelig uforglemmeligt eventyr.

Øgruppe - Archipelago
Selvstyrende - Self-governing
Maleriske - Picturesque
Klippekyster - Cliffs
Træhuse - Wooden houses
Kvaedir - Traditional Faroese songs
Enkeltstrengede - Single-stringed
Nationaldragter - National costumes
Skaldyr - Seafood

Tourism plays an increasingly important role in the Faroe Islands' economy. The archipelago attracts visitors from around the world who come to experience the unique nature, authentic culture, and peaceful atmosphere. Hiking, bird-watching, and boat trips are popular activities for tourists. The Faroe Islands are also a photographer's paradise due to the magnificent landscapes and dramatic roads winding through the mountains.

The Faroese government focuses on sustainable development and nature conservation. The archipelago has implemented strict environmental protection policies to ensure the preservation of the unique nature and ecological system for future generations. The Faroe Islands have also been at the forefront of green energy, with a significant portion of the archipelago's energy supply coming from renewable sources such as wind and hydropower.

The Faroe Islands are a unique and fascinating place with a rich history, a vibrant cultural scene, and breathtaking natural beauty. The combination of unspoiled landscapes, traditional customs, and warm hospitality makes it a captivating destination for travelers seeking an authentic and immersive experience. Whether exploring the rugged mountains, wandering through charming villages, or sampling local delicacies, the Faroe Islands offer a truly unforgettable adventure.

Tørfisk - Dried fish
Råvarer - Ingredients
Fuglekiggeri - Bird-watching
Bæredygtig - Sustainable
Førende - Leading
Energiforsyning - Energy supply
Vedvarende - Renewable
Uforglemmeligt - Unforgettable

VIKINGETIDEN

Vikingetiden er en af de mest spændende perioder i
Danmarks historie. Det var en æra, hvor vikingerne fra
Norden sejlede ud på eventyr i verden og satte deres præg
på både historie og kultur. Vikingetiden strakte sig fra
slutningen af 700-tallet til begyndelsen af 1000-tallet og var
en tid med stor aktivitet og ekspansion.

Danmark spillede en vigtig rolle i Vikingetiden. Som et
centralt område i Norden var Danmark et knudepunkt for
handel, skibsbyggeri og militær styrke. De danske vikinger
sejlede både vestpå til de britiske øer og østpå til Baltikum
og Rusland. Deres sejladser og erobringer bidrog til at
etablere det store vikingenetværk, der strakte sig over store
dele af Europa.

Et af de mest ikoniske steder fra Vikingetiden i Danmark er
Trelleborg, der ligger i Sydsjælland. Trelleborg var en
befæstet ringborg, der blev opført af Harald Blåtand som en
del af hans forsvarssystem. Borgen består af en rund
ringmur med fire porttårne og velbevarede huse indenfor
murene. Trelleborg er et imponerende eksempel på
vikingernes evne til at bygge avancerede forsvarsstrukturer.

En anden vigtig destination for at udforske Danmarks
vikingearv er Jelling, der ligger i Jylland. Jelling er kendt for
sine monumenter, som omfatter to store runesten og en
jordhøj. Stenene er rejst af Harald Blåtand og fortæller
historien om hans bedrifter og indførelsen af
kristendommen i Danmark. Jelling er et UNESCO-
verdensarvssted og symboliserer den kulturelle og
historiske betydning af vikingetiden i Danmark.

THE VIKING AGE

The Viking Age is one of the most exciting periods in Danish history. It was an era where the Vikings from the Nordic regions set out on adventures around the world, leaving their mark on both history and culture. The Viking Age spanned from the late 8th century to the early 11th century and was a time of great activity and expansion.

Denmark played a significant role during the Viking Age. As a central area in the Nordic region, Denmark served as a hub for trade, shipbuilding, and military strength. Danish Vikings sailed westward to the British Isles and eastward to the Baltic region and Russia. Their voyages and conquests helped establish the vast Viking network that spanned across much of Europe.

One of the most iconic sites from the Viking Age in Denmark is Trelleborg, located in South Zealand. Trelleborg was a fortified ring fortress constructed by King Harald Bluetooth as part of his defense system. The fortress consists of a circular rampart with four gate towers and well-preserved houses within the walls. Trelleborg is an impressive example of the Vikings' ability to build advanced defense structures.

Another important destination for exploring Denmark's Viking heritage is Jelling, located in Jutland. Jelling is known for its monuments, which include two large runestones and an earth mound. The stones were raised by King Harald Bluetooth and tell the story of his achievements and the introduction of Christianity in Denmark. Jelling is a UNESCO World Heritage site and symbolizes the cultural and historical significance of the Viking Age in Denmark.

Vikingeskibsmuseet i Roskilde er også et must-see sted for at lære om vikingernes maritime færdigheder og handelsaktiviteter. Museet huser flere velbevarede vikingeskibe, der er blevet fundet i Roskilde Fjord. Besøgende kan udforske skibene og lære om deres konstruktion og brug i vikingetiden. Museet arrangerer også sejladser, hvor besøgende kan opleve, hvordan det var at sejle i et vikingeskib.

Der er mange mindre kendte vikingesteder i Danmark, der er værd at udforske. Disse omfatter blandt andet vikingeborge, gravhøje og vikingemarkeder. Ved at besøge disse steder kan man få et indblik i vikingernes dagligliv, deres håndværk, deres handelsaktiviteter og deres religiøse tro.

Vikingetiden har sat sit præg på Danmark og dets kultur. Mange af vores traditioner og legender har rødder i denne æra, og vikingernes indflydelse kan stadig mærkes i dag. At udforske Danmarks vikingearv er en unik mulighed for at forbinde os med vores fortid og opnå en dybere forståelse for vikingernes bedrifter og deres varige indflydelse på den danske identitet.

Spændende: Exciting
Erobringer: Conquests
Udforske: Explore
Befæstet: Fortified
Ringborg: Ring fortress
Forsvarssystem: Defense system
Porttårne: Gate towers
Velbevarede: Well-preserved
Runesten: Runic stones
Jordhøj: Earth mound
UNESCO-verdensarvssted: UNESCO World Heritage site

The Viking Ship Museum in Roskilde is also a must-visit place to learn about the Vikings' maritime skills and trade activities. The museum houses several well-preserved Viking ships that were discovered in Roskilde Fjord. Visitors can explore the ships and learn about their construction and use during the Viking Age. The museum also organizes sailings where visitors can experience what it was like to sail in a Viking ship.

There are many lesser-known Viking sites in Denmark that are worth exploring. These include Viking fortresses, burial mounds, and Viking markets. By visiting these sites, one can gain insights into the Vikings' daily life, their craftsmanship, their trade activities, and their religious beliefs.

The Viking Age has left its mark on Denmark and its culture. Many of our traditions and legends have roots in this era, and the Vikings' influence can still be felt today. Exploring Denmark's Viking heritage is a unique opportunity to connect with our past and gain a deeper understanding of the Vikings' achievements and their lasting impact on Danish identity.

Færdigheder: Skills
Vikingeskibe: Viking ships
Sejladser: Sailings
Vikingeborge: Viking fortresses
Gravhøje: Burial mounds
Vikingemarkeder: Viking markets
Rødder: Roots
Varige: Lasting

KONGERIGET DANMARK: OPRINDELSE OG TIDLIG MONARKI

Kongeriget Danmark har en rig historie, der går langt tilbage i tiden. Oprindelsen og det tidlige monarki i Danmark spiller en afgørende rolle i landets udvikling og dannelsen af den danske nation.

De ældste spor af menneskelig tilstedeværelse i Danmark kan dateres mere end 12.000 år tilbage. I løbet af de følgende århundreder blev forskellige stammer og kulturer etableret på det danske område. Blandt disse tidlige samfund var jægere, fiskere og landbrugere, der levede i harmoni med naturen og udviklede deres egne traditioner og levebrød.

I det første årtusinde før vor tidsregning blev Danmark organiseret som en række små kongeriger og høvdingedømmer. Disse territorier blev styret af lokale ledere, der blev anerkendt for deres styrke og evne til at forsvare deres folk. Den tidlige monarki i Danmark var primært baseret på stamme- og familiestrukturer.

I det 8. århundrede e.Kr. blev Danmark gradvist påvirket af kristendommen. Missionærer fra det omkringliggende Europa begyndte at prædike den kristne tro til befolkningen i Danmark. Denne påvirkning førte til en gradvis omvendelse til kristendommen og etableringen af kirker og klostre i hele landet.

En afgørende periode i Danmarks tidlige monarki var Vikingetiden, der strakte sig fra det 8. til det 11. århundrede.

THE KINGDOM OF DENMARK: ORIGINS AND EARLY MONARCHY

The Kingdom of Denmark has a rich history that goes back in time. The origins and early monarchy of Denmark play a crucial role in the country's development and the formation of the Danish nation.

The oldest traces of human presence in Denmark can be dated back more than 12,000 years. Over the following centuries, various tribes and cultures established themselves in the Danish territory. Among these early societies were hunters, fishermen, and farmers who lived in harmony with nature and developed their own traditions and livelihoods.

In the first millennium BCE, Denmark was organized as a series of small kingdoms and chieftaincies. These territories were ruled by local leaders who were recognized for their strength and ability to defend their people. The early monarchy in Denmark was primarily based on tribal and familial structures.

In the 8th century CE, Denmark gradually began to be influenced by Christianity. Missionaries from the surrounding Europe started preaching the Christian faith to the population in Denmark. This influence led to a gradual conversion to Christianity and the establishment of churches and monasteries throughout the country.

A pivotal period in Denmark's early monarchy was the Viking Age, which extended from the 8th to the 11th century.

Vikingernes erobringer og handelsaktiviteter bidrog til at udbrede den danske indflydelse langt ud over landets grænser. Danske vikinger plyndrede og koloniserede områder i Europa, og deres handelsskibe nåede så langt som til Nordamerika.

En af de mest kendte danske vikinger var Harald Blåtand, der regerede som konge fra 958 til 985. Han blev berømt for at have samlet Danmark og indført kristendommen som statsreligion. Harald Blåtand anses også for at være en central figur i etableringen af det danske monarki som en mere centraliseret institution.

I løbet af det 10. og 11. århundrede blev monarkiets autoritet styrket i Danmark. Kongerne begyndte at etablere et mere centraliseret styre, og feudalismen spillede en afgørende rolle i organisationen af samfundet. Kongen delte landet mellem sine vasaller, der skulle yde tjeneste og betale skatter i bytte for beskyttelse og rettigheder.

En af de mest kendte monarker fra denne periode var Knud den Store, der regerede fra 1018 til 1035. Knud den Store erobrede England og blev anerkendt som konge både i Danmark og England. Han var en magtfuld og respekteret leder, der efterlod et varigt indtryk på det danske monarki.

I løbet af det 12. og 13. århundrede oplevede Danmark en periode med politiske og sociale forandringer. Befolkningen voksede, byerne udviklede sig, og handelen blomstrede. Samtidig stod Danmark også over for udfordringer som konflikter med nabostater og interne stridigheder om tronen.

I denne periode begyndte det danske monarki også at udvikle en mere centraliseret og organiseret administration.

The Vikings' conquests and trade activities contributed to spreading Danish influence far beyond the country's borders. Danish Vikings raided and colonized areas in Europe, and their trade ships reached as far as North America.

One of the most well-known Danish Vikings was Harald Bluetooth, who ruled as king from 958 to 985. He became famous for uniting Denmark and introducing Christianity as the state religion. Harald Bluetooth is also considered a central figure in establishing the Danish monarchy as a more centralized institution.

During the 10th and 11th centuries, the monarchy's authority was strengthened in Denmark. Kings began to establish a more centralized governance, and feudalism played a crucial role in the organization of society. The king granted land to his vassals, who were required to provide service and pay taxes in exchange for protection and rights.

One of the most renowned monarchs from this period was Canute the Great, who reigned from 1018 to 1035. Canute the Great conquered England and was recognized as king in both Denmark and England. He was a powerful and respected leader who left a lasting impact on the Danish monarchy.

During the 12th and 13th centuries, Denmark experienced a period of political and social changes. The population grew, cities developed, and trade flourished. At the same time, Denmark also faced challenges such as conflicts with neighboring states and internal disputes over the throne.

In this period, the Danish monarchy also began to develop a more centralized and organized administration.

Rigsrådet, der bestod af adelige og kirkelige ledere, fik øget indflydelse på den kongelige magt. Dette førte til et mere komplekst politisk system, hvor monarkens beslutninger blev påvirket af rådets rådgivning.

En vigtig begivenhed i denne periode var udarbejdelsen af Danmarks første skrevne lov, Jyske Lov, i 1241. Loven fastsatte regler for retssystemet og etablerede rettigheder og pligter for forskellige samfundsgrupper. Dette markerede et skift mod mere formaliserede og strukturerede juridiske rammer i det danske samfund.

Det tidlige monarki i Danmark var en vigtig periode i landets historie. Det etablerede fundamentet for det danske monarki som en centraliseret institution og prægede udviklingen af det danske samfund. Gennem kongernes lederskab og politiske beslutninger blev Danmark formet som en nation med en stærk kulturel og politisk identitet.

Selvom det danske monarki har gennemgået mange forandringer siden sin tidlige begyndelse, spiller den tidlige historie stadig en væsentlig rolle i danskernes bevidsthed og nationalidentitet. Historien om det tidlige monarki i Danmark viser, hvordan landet er vokset og udviklet sig over tid og har bidraget til dannelsen af det moderne Kongerige Danmark.

The Council of the Realm, consisting of nobles and ecclesiastical leaders, gained increased influence over royal power. This led to a more complex political system where the king's decisions were influenced by the council's advice.

An important event in this period was the compilation of Denmark's first written law, the Jutlandic Law, in 1241. The law established rules for the legal system and set rights and obligations for different societal groups. This marked a shift towards more formalized and structured legal frameworks in Danish society.

The early monarchy in Denmark was a significant period in the country's history. It established the foundation for the Danish monarchy as a centralized institution and shaped the development of Danish society. Through the leadership of the kings and their political decisions, Denmark was molded into a nation with a strong cultural and political identity.

Although the Danish monarchy has undergone many changes since its early beginnings, the early history still plays a significant role in the consciousness and national identity of the Danish people. The history of the early monarchy in Denmark demonstrates how the country has grown and evolved over time and has contributed to the formation of the modern Kingdom of Denmark.

Høvdingedømme - Chieftaincy
Stamme- og familiestrukturer - Tribal and familial structures
Rigsrådet - Council of the Realm
Rådgivning - Advice
Rettigheder - Rights
Pligter - Obligations
Adelige - Nobles
Kirkelige - Ecclesiastical

REFORMATIONEN I DANMARK: RELIGIØSE OG POLITISKE TRANSFORMATIONER

Reformationen var en afgørende periode i Danmarks historie, der markerede en betydelig ændring i både det religiøse og politiske landskab. Denne bevægelse, der fandt sted i det 16. århundrede, førte til en omfattende omvæltning af den katolske kirke og etableringen af protestantismen som den dominerende trosretning i Danmark.

Reformationen fandt indpas i Danmark i begyndelsen af 1500-tallet. Martin Luthers ideer og kritik af den katolske kirke spredte sig hurtigt i Europa, og de fandt også fodfæste i Danmark. Den danske konge, Christian III, spillede en central rolle i at indføre reformationen i landet.

I 1536 blev den katolske kirke i Danmark officielt opløst, og den danske kirke blev etableret som en evangelisk-luthersk kirke. Dette førte til en række ændringer i det religiøse liv og praksis i landet. Blandt disse ændringer var oversættelsen af Bibelen til dansk, så troende kunne læse og forstå den på deres eget sprog.

Reformationen havde også dybtgående politiske konsekvenser i Danmark. Christian III og andre danske konger så reformationen som en mulighed for at styrke deres egen magt og befæste kongens position som overhoved for både den verdslige og den kirkelige myndighed. Dette førte til en centralisering af magten og etableringen af en mere stærk og autoritær monarki i Danmark.

THE REFORMATION IN DENMARK: RELIGIOUS AND POLITICAL TRANSFORMATIONS

The Reformation was a crucial period in Denmark's history that marked a significant change in both the religious and political landscape. This movement, which took place in the 16th century, led to a comprehensive upheaval of the Catholic Church and the establishment of Protestantism as the dominant faith in Denmark.

The Reformation gained ground in Denmark in the early 1500s. Martin Luther's ideas and criticism of the Catholic Church spread rapidly in Europe and also found a foothold in Denmark. The Danish king, Christian III, played a central role in introducing the Reformation in the country.

In 1536, the Catholic Church in Denmark was officially dissolved, and the Danish Church was established as an Evangelical Lutheran church. This led to a series of changes in religious life and practices in the country. Among these changes was the translation of the Bible into Danish, allowing believers to read and understand it in their own language.

The Reformation also had profound political consequences in Denmark. Christian III and other Danish kings saw the Reformation as an opportunity to strengthen their own power and solidify the king's position as the head of both secular and ecclesiastical authority. This led to a centralization of power and the establishment of a stronger and more authoritarian monarchy in Denmark.

Reformationen førte også til en omfordeling af kirkegodser og rigdomme. Tidligere var store dele af kirkeejendommene kontrolleret af klostre og præster, men med reformationen blev disse ejendomme konfiskeret af staten. Dette medførte en betydelig økonomisk gevinst for kronen og en øget central kontrol over ressourcerne i landet.

Selvom reformationen førte til religiøs og politisk transformation i Danmark, blev det ikke uden modstand og konflikter. Nogle dele af befolkningen og adelige familier forblev katolske og modstod de nye religiøse og politiske ideer. Dette førte til perioder med religiøse konflikter og politisk uro i landet.

På trods af modstanden blev reformationen gradvist accepteret i Danmark, og protestantismen blev den dominerende trosretning. Den danske kirke blev organiseret med en hierarkisk struktur, der omfattede biskopper og præster, der var ansvarlige for den religiøse ledelse og praksis.

Reformationen i Danmark havde også betydelig indflydelse på det danske samfund og dets kultur. Protestantismen fremhævede individualitet, personlig læsning og fortolkning af Bibelen og betonede betydningen af en personlig forbindelse til Gud. Dette stimulerede en øget læse- og uddannelseskultur blandt befolkningen, da det blev vigtigt for den enkelte at kunne læse og forstå Bibelen.

Reformationen førte også til en ændring i kunst og arkitektur. Kirkerne blev ombygget for at afspejle de nye protestantiske idealer, og ikoniske katolske symboler og billeder blev fjernet. I stedet blev der lagt vægt på enkelhed og fokus på prædiken og forkyndelse af Guds ord.

The Reformation also resulted in a redistribution of church estates and wealth. Previously, large portions of church properties were controlled by monasteries and priests, but with the Reformation, these properties were confiscated by the state. This resulted in significant economic gain for the crown and increased central control over the country's resources.

Although the Reformation brought about religious and political transformations in Denmark, it was not without resistance and conflicts. Some segments of the population and noble families remained Catholic and resisted the new religious and political ideas. This led to periods of religious conflicts and political unrest in the country.

Despite the resistance, the Reformation was gradually accepted in Denmark, and Protestantism became the dominant faith. The Danish Church was organized with a hierarchical structure that included bishops and priests responsible for religious leadership and practices.

The Reformation in Denmark also had a significant influence on society and its culture. Protestantism emphasized individuality, personal reading and interpretation of the Bible, and highlighted the importance of a personal connection to God. This stimulated an increased culture of reading and education among the population, as it became important for individuals to be able to read and understand the Bible.

The Reformation also brought about a change in art and architecture. Churches were rebuilt to reflect the new Protestant ideals, and iconic Catholic symbols and images were removed. Instead, simplicity and a focus on preaching and proclaiming God's word were emphasized.

På længere sigt førte reformationen til en sekularisering af samfundet, hvor kirken mistede noget af sin politiske magt og indflydelse. Staten overtog gradvist flere af de tidligere kirkelige funktioner og blev mere ansvarlig for samfundsstrukturer og lovgivning.

Reformationen i Danmark havde også internationale konsekvenser. Det skabte alliancer mellem protestantiske lande og førte til konflikter mellem protestanter og katolikker i Europa. Danmark blev involveret i religiøse konflikter som Trediveårskrigen, der varede fra 1618 til 1648.

Selvom reformationen var en tumultagtig tid præget af konflikter og forandringer, har dens indflydelse fortsat at forme det danske samfund og dets identitet. Protestantismen er stadig den dominerende trosretning i Danmark i dag, og den religiøse og politiske arv fra reformationen kan ses i landets institutioner, kultur og værdier.

Reformationen i Danmark var en tid med store religiøse og politiske transformationer. Det ændrede det religiøse landskab i landet og førte til etableringen af protestantismen som den dominerende trosretning. Samtidig førte reformationen til øget centralisering af magten og etableringen af et stærkere monarki. Dens indflydelse på det danske samfund og dets kultur kan stadig ses i dag.

Omvæltning - Upheaval
Trosretning - Faith/Religious denomination
Gevinst - Gain/Profit
Uro - Unrest
Fortolkning - Interpretation
Befæste - Consolidate
Magthaver - Ruler
Forkyndelse - Proclamation

In the long run, the Reformation led to a secularization of society, where the church lost some of its political power and influence. The state gradually took over more of the former ecclesiastical functions and became more responsible for societal structures and legislation.

The Reformation in Denmark also had international consequences. It created alliances between Protestant countries and led to conflicts between Protestants and Catholics in Europe. Denmark became involved in religious conflicts such as the Thirty Years' War, which lasted from 1618 to 1648.

Although the Reformation was a tumultuous time marked by conflicts and changes, its influence continues to shape Danish society and its identity. Protestantism remains the dominant faith in Denmark today, and the religious and political legacy of the Reformation can be seen in the country's institutions, culture, and values.

The Reformation in Denmark was a period of significant religious and political transformations. It altered the religious landscape in the country and led to the establishment of Protestantism as the dominant faith. At the same time, the Reformation resulted in increased centralization of power and the establishment of a stronger monarchy. Its influence on Danish society and culture can still be seen today.

Ombord - Aboard
Skikke - Customs
Tidstypiske - Typical of the time period
Trosbekendelse - Creed

ABSOLUTISME OG DET DANSKE MONARKI: KONG CHRISTIAN IVS ÆRA

Absolutismen var en periode i Danmarks historie, hvor kongens magt blev stærkt centraliseret og udøvet uden begrænsninger. I Danmark faldt absolutismen sammen med regeringstiden for en af landets mest kendte konger, Christian IV, der regerede fra 1588 til 1648. Kong Christian IVs æra var præget af omfattende politiske, økonomiske og kulturelle forandringer i landet.

Christian IV blev kronet som konge i en ung alder og udøvede en betydelig kontrol over landets regering og styre. Han anså sig selv som Guds stedfortræder på jorden og udøvede sin magt med stor autoritet. Kongens absolutistiske tilgang til regeringsførelsen førte til en styrkelse af den kongelige magt på bekostning af andre institutioner og adelen.

I løbet af sin regeringstid iværksatte Christian IV en række reformer og projekter, der skulle modernisere og styrke Danmark. Han fremmede handel og søfart, oprettede handelskompanier og støttede opbygningen af handels- og håndværksbyer. Disse initiativer bidrog til økonomisk vækst og styrkede Danmarks position som en magtfaktor i Nordeuropa.

Christian IV efterlod også et imponerende arkitektonisk og kulturelt eftermæle. Han var en stor bygherre og opførte mange prægtige bygninger, herunder det berømte Rosenborg Slot og Børsen i København. Han støttede også kunst og videnskab og etablerede universitetet i København i 1479.

ABSOLUTISM AND THE DANISH MONARCHY: THE ERA OF KING CHRISTIAN IV

Absolutism was an important period in Denmark's history, where royal power was highly centralized and exercised without limitations. In Denmark, this period coincided with the reign of one of the country's most renowned kings, Christian IV, who ruled from 1588 to 1648. King Christian IV's era was characterized by significant political, economic, and cultural transformations in the country.

Christian IV was crowned king at a young age and exerted considerable control over the country's government and administration. He saw himself as God's representative on earth and wielded his power with great authority. The king's absolutist approach to governance led to a strengthening of royal power at the expense of other institutions and the nobility.

During his reign, Christian IV initiated a series of reforms and projects aimed at modernizing and strengthening Denmark. He promoted trade and maritime activities, established trading companies, and supported the development of commercial and craft cities. These initiatives contributed to economic growth and bolstered Denmark's position as a major power in Northern Europe.

Christian IV also left an impressive architectural and cultural legacy. He was a prolific builder and erected many magnificent buildings, including the famous Rosenborg Castle and Børsen in Copenhagen. He also supported art and science, establishing the University of Copenhagen in 1479.

Absolutismens æra under Christian IV blev også præget af religiøse konflikter. I løbet af trediveårskrigen, der hærgede Europa, blev Danmark involveret i kampe mellem protestanter og katolikker. Christian IV forsøgte at støtte de protestantiske stater og sikre danske interesser, men krigen medførte store omkostninger for landet og efterlod det svækket.

På trods af nogle af hans politiske og militære nederlag formåede Christian IV at opretholde en stærk position og et internationalt omdømme. Han var kendt som en visionær og energisk leder, der stræbte efter at gøre Danmark til en betydningsfuld europæisk magt. Selvom hans ambitioner ikke blev fuldt ud opfyldt, lagde han grundlaget for en stærkere og mere centraliseret dansk stat.

The era of absolutism under Christian IV was also marked by religious conflicts. During the Thirty Years' War, which ravaged Europe, Denmark became involved in battles between Protestants and Catholics. Christian IV attempted to support the Protestant states and safeguard Danish interests, but the war imposed significant costs on the country, leaving it weakened.

Despite some of his political and military setbacks, Christian IV managed to maintain a strong position and an international reputation. He was known as a visionary and energetic leader who aspired to make Denmark a significant European power. Although his ambitions were not fully realized, he laid the groundwork for a stronger and more centralized Danish state.

Regeringstid - Reign
Udøvet - Exercised
Begrænsninger - Limitations
Omfattende - Extensive
Iværksatte - Initiated
Handelskompanier - Trade companies
Handels- og håndværksbyer - Trade and craft towns
Eftermæle - Legacy
Bygherre - Builder
Støttede - Supported
Omdømme - Reputation
Betydningsfuld - Significant

NAPOLEONSKRIGENE OG DANSK-NORSK FORHOLD

Napoleonskrigene, der fandt sted fra 1803 til 1815, havde en betydelig indvirkning på dansk-norsk historie og forholdet mellem Danmark og Norge. Perioden var præget af konflikter og omvæltninger, der satte de to lande på prøve og førte til dramatiske ændringer i deres politiske og territoriale situation.

I starten af Napoleonskrigene erklærede Danmark sig neutralt og forsøgte at bevare sin handel og suverænitet. Imidlertid blev landet snart involveret i konflikten på grund af dets alliance med Frankrig og truslen om angreb fra Storbritannien, der ønskede at kontrollere de danske flådebaser. I 1807 beslaglagde britiske styrker den danske flåde i København, hvilket førte til et stort tab for Danmark og en ydmygelse for den danske konge, Frederik VI.

Efter beslaglæggelsen af flåden blev Danmark tvunget til at indgå en alliance med Napoleon Bonaparte og deltage i krigen mod Storbritannien. Dette førte til yderligere konflikter med andre europæiske magter, herunder Sverige, der angreb Danmark for at erobre Norge. I 1814 blev Danmark tvunget til at afgive Norge som en del af de internationale fredsaftaler.

Tabet af Norge havde en dybtgående indvirkning på dansk-norsk forhold. Norge havde været en del af den danske stat i århundreder, og det politiske og økonomiske tab blev følt dybt i begge lande. Efter Napoleonskrigene blev Norge i stedet forenet med Sverige under den svenske konge, mens Danmark måtte håndtere tabet af en vigtig del af sit territorium og sin indflydelse.

NAPOLEONIC WARS AND DANISH-NORWEGIAN RELATIONS

The Napoleonic Wars, which took place from 1803 to 1815, had a significant impact on Danish-Norwegian history and the relationship between Denmark and Norway. The period was characterized by conflicts and upheavals that tested the two countries and led to dramatic changes in their political and territorial situation.

At the beginning of the Napoleonic Wars, Denmark declared itself neutral and tried to preserve its trade and sovereignty. However, the country soon became involved in the conflict due to its alliance with France and the threat of attacks from Britain, which sought to control the Danish naval bases. In 1807, British forces seized the Danish fleet in Copenhagen, resulting in a major loss for Denmark and a humiliation for the Danish king, Frederick VI.

After the seizure of the fleet, Denmark was forced to form an alliance with Napoleon Bonaparte and participate in the war against Britain. This led to further conflicts with other European powers, including Sweden, which attacked Denmark to conquer Norway. In 1814, Denmark was forced to cede Norway as part of the international peace agreements.

The loss of Norway had a profound impact on Danish-Norwegian relations. Norway had been part of the Danish state for centuries, and the political and economic loss was deeply felt in both countries. After the Napoleonic Wars, Norway instead became united with Sweden under the Swedish king, while Denmark had to deal with the loss of an important part of its territory and influence.

Efter Napoleonskrigene begyndte der imidlertid at opstå en stærk nationalfølelse i Norge, og ønsket om selvstændighed voksede. I 1814 vedtog Norge sin egen forfatning og erklærede sig som et uafhængigt kongerige. Selvom Norge senere blev tvunget til at acceptere en union med Sverige, markerede begivenhederne i 1814 et vigtigt skridt mod norsk uafhængighed og en forandring i dansk-norsk forhold.

På trods af de politiske og territoriale udfordringer, som Napoleonskrigene medførte, havde perioden også kulturelle og samfundsmæssige konsekvenser for Danmark og Norge. Kontakten med andre europæiske lande og de politiske og intellektuelle strømninger i tiden førte til en øget bevidsthed om national identitet og en interesse for demokratiske ideer og reformer.

Napoleonskrigene og de efterfølgende begivenheder markerede et vendepunkt i dansk-norsk historie og førte til en ændring i det dansk-norske forhold. Selvom tabet af Norge var smertefuldt for Danmark, skabte det også en mulighed for at fokusere på udviklingen af det tilbageværende danske kongerige og styrke båndene mellem Danmark og dets øvrige besiddelser, herunder Grønland og Færøerne.

Efter Napoleonskrigene gennemgik Danmark og Norge en periode med politiske reformer og modernisering. Danmark vedtog en ny forfatning i 1849, der etablerede et konstitutionelt monarki og styrkede rettighederne for borgere og parlamentet. I Norge blev selvstyre gradvist genvundet, og i 1905 blev unionen med Sverige opløst, hvilket resulterede i oprettelsen af det moderne norske kongerige.

However, after the Napoleonic Wars, a strong sense of national identity began to emerge in Norway, and the desire for independence grew. In 1814, Norway adopted its own constitution and declared itself as an independent kingdom. Although Norway was later forced to accept a union with Sweden, the events of 1814 marked an important step towards Norwegian independence and a change in Danish-Norwegian relations.

Despite the political and territorial challenges brought by the Napoleonic Wars, the period also had cultural and societal consequences for Denmark and Norway. Contact with other European countries and the political and intellectual currents of the time led to an increased awareness of national identity and an interest in democratic ideas and reforms.

The Napoleonic Wars and the subsequent events marked a turning point in Danish-Norwegian history and led to a change in the Danish-Norwegian relationship. Although the loss of Norway was painful for Denmark, it also created an opportunity to focus on the development of the remaining Danish kingdom and strengthen the ties between Denmark and its other possessions, including Greenland and the Faroe Islands.

After the Napoleonic Wars, Denmark and Norway went through a period of political reforms and modernization. Denmark adopted a new constitution in 1849, establishing a constitutional monarchy and strengthening the rights of citizens and parliament. In Norway, self-governance was gradually regained, and in 1905, the union with Sweden was dissolved, resulting in the establishment of the modern Norwegian kingdom.

I dag er Danmark og Norge tætte naboer og samarbejdspartnere med mange fælles interesser og værdier. Selvom Napoleonskrigene og begivenhederne i denne periode skabte en skillelinje mellem de to lande, har historien også vist, at de har evnet at bevare tætte forbindelser og samarbejde om en bred vifte af områder, herunder handel, kultur og politik.

Napoleonskrigene og deres indvirkning på dansk-norsk forhold er et vigtigt kapitel i begge landes historie. Perioden demonstrerede både de udfordringer og muligheder, der opstår i tider med konflikt og omvæltninger. I dag er det en påmindelse om betydningen af at bevare fred og stabilitet, mens man samarbejder for at løse fælles udfordringer og fremme gensidige interesser.

Today, Denmark and Norway are close neighbors and partners with many shared interests and values. Although the Napoleonic Wars and the events of this period created a division between the two countries, history has also shown that they have been able to maintain close connections and collaborate on a wide range of areas, including trade, culture, and politics.

The Napoleonic Wars and their impact on Danish-Norwegian relations are an important chapter in the history of both countries. The period demonstrated both the challenges and opportunities that arise in times of conflict and upheaval. Today, it serves as a reminder of the importance of preserving peace and stability while working together to address common challenges and promote mutual interests.

Hærgede - Ravaged
Beslaglæggelse - Seizure
Forbund - Union
Selskab - Company
Nationalfølelse - National identity
Uafhængighed - Independence
Opløst - Dissolved
Udfordringer - Challenges

DE SCHLESWIGSKE KRIGE: DANMARKS KAMP FOR TERRITORIUM

De Schleswigske Krige var en række konflikter, der fandt sted i midten og slutningen af det 19. århundrede mellem Danmark og Preussen/Østrig. Disse krige blev udkæmpet om herredømmet over hertugdømmerne Slesvig, Holsten og Lauenborg, der var områder med både danske og tyske befolkninger.

Krigenes årsager var komplekse og involverede både nationale, politiske og etniske faktorer. Slesvig var historisk set et område med tætte forbindelser til Danmark, men det var også en del af det tyske forbund. Da nationalisme og territorialstridigheder voksede i Europa, blev spørgsmålet om, hvorvidt Slesvig skulle være en del af Danmark eller Tyskland, en kilde til konflikt.

Den første Schleswigske Krig brød ud i 1848, da en dansk national bevægelse ønskede at forene Slesvig med resten af Danmark. Modstanden kom fra den tyske befolkning i området, der frygtede at blive integreret i Danmark. Krigen endte med en våbenhvile og traktat, der gav Slesvig en delvis autonomi, men uden en endelig afgørelse om territoriets status.

Spændingerne fortsatte, og i 1864 brød den anden Schleswigske Krig ud. Preussen og Østrig gik ind i konflikten på tysk side og erobrede hurtigt Slesvig og Holsten. Danmark blev tvunget til at afstå hertugdømmerne i henhold til fredstraktaten i Wien. Efter krigen blev Slesvig-Holsten opdelt mellem Preussen og Østrig, og den danske befolkning i området mistede deres tilknytning til Danmark.

THE SCHLESWIG WARS: DENMARK'S STRUGGLE FOR TERRITORY

The Schleswig Wars were a series of conflicts that took place in the mid- and late-19th century between Denmark and Prussia/Austria. These wars were fought over the control of the duchies of Schleswig, Holstein, and Lauenburg, which were regions with both Danish and German populations.

The causes of the wars were complex and involved national, political, and ethnic factors. Schleswig was historically an area with close ties to Denmark, but it was also part of the German Confederation. As nationalism and territorial disputes grew in Europe, the question of whether Schleswig should belong to Denmark or Germany became a source of conflict.

The First Schleswig War broke out in 1848 when a Danish national movement sought to unite Schleswig with the rest of Denmark. Resistance came from the German population in the region, who feared being integrated into Denmark. The war ended with a ceasefire and a treaty that granted Schleswig partial autonomy but without a final resolution on the territory's status.

Tensions continued, and in 1864, the Second Schleswig War erupted. Prussia and Austria entered the conflict on the German side and quickly conquered Schleswig and Holstein. Denmark was forced to cede the duchies according to the Treaty of Vienna. After the war, Schleswig-Holstein was divided between Prussia and Austria, and the Danish population in the area lost their connection to Denmark.

De Schleswigske Krige havde en betydelig indvirkning på Danmarks historie og nationale identitet. For det første førte tabet af hertugdømmerne til en omskrivning af den danske grundlov og etableringen af en mere centraliseret stat. Derudover blev det danske monarki tvunget til at acceptere, at dansksindede slesvigere og holstenere ikke længere var en del af kongeriget.

Krigenes konsekvenser resulterede også i øget spænding mellem Danmark og Tyskland. Nationalismen blev styrket på begge sider, og ideen om en dansk-tysk rivalisering blev mere udtalt. Disse spændinger ville senere bidrage til udbruddet af Første Verdenskrig og Danmarks tab af de danske områder i Sydslesvig i 1920.

I dag er de Schleswigske Krige et vigtigt kapitel i Danmarks historie og er fortsat en del af den nationale bevidsthed. Konflikterne illustrerer de komplekse udfordringer ved at forene nationale, etniske og politiske interesser i et område med blandede befolkninger. Selvom territoriet i Slesvig-Holsten nu er opdelt mellem Danmark og Tyskland, er mindet om kampen om dette område stadig levende, og det har formet både Danmarks geopolitiske situation og dets forhold til dets tyske naboer

Herredømme - Dominion
Hertugdømmerne - Duchies
Territorialstridigheder - Territorial disputes
Forene - Unite
Våbenhvile - Ceasefire
Traktat - Treaty
Afgørelse - Decision
Erobrede - Conquered
Afstå - Relinquish
Grundlov - Constitution

The Schleswig Wars had a significant impact on Denmark's history and national identity. Firstly, the loss of the duchies led to a rewriting of the Danish constitution and the establishment of a more centralized state. Additionally, the Danish monarchy was forced to accept that the Danish-minded Schleswigers and Holsteiners were no longer part of the kingdom.

The consequences of the wars also resulted in increased tensions between Denmark and Germany. Nationalism was strengthened on both sides, and the idea of a Danish-German rivalry became more pronounced. These tensions would later contribute to the outbreak of World War I and Denmark's loss of the Danish areas in Southern Schleswig in 1920.

Today, the Schleswig Wars are an important chapter in Denmark's history and continue to be part of the national consciousness. The conflicts illustrate the complex challenges of reconciling national, ethnic, and political interests in an area with mixed populations. Although the territory in Schleswig-Holstein is now divided between Denmark and Germany, the memory of the struggle over this region is still alive and has shaped both Denmark's geopolitical situation and its relationship with its German neighbors.

Spænding - Tension
Udbruddet - Outbreak
Tab - Loss
Bevidsthed - Consciousness
Udfordringer - Challenges
Medblandede - Mixed

"DEN DANSKE GULDALDER: KUNST, LITTERATUR OG INTELLEKTUEL BLOMSTRING"

Den danske guldalder, der strakte sig fra begyndelsen af det 19. århundrede til midten af samme, var en bemærkelsesværdig periode præget af en bemærkelsesværdig kulturel og intellektuel blomstring inden for kunst, litteratur, filosofi og videnskab. Denne æra, der fulgte efter Napoleonskrigene, var en tid, hvor Danmark oplevede en væld af kulturel rigdom og intellektuel oplysning.

Inden for billedkunsten var guldaldermalerne banebrydende. Kunstnere som Christoffer Wilhelm Eckersberg, Johan Thomas Lundbye og P.C. Skovgaard skabte værker, der præsenterede idylliske landskaber, detaljerede bybilleder og intime portrætter. Eckersberg, kendt som "Guldaldermaleriets fader", var kendt for sin omhyggelige detaljegrad og innovative anvendelse af lys, som indflydelsesrige kunstnere senere overtog.

Litteraturen blomstrede også under guldalderen. Forfattere som H.C. Andersen og Søren Kierkegaard blev ikoniske skikkelser. Andersen, bedst kendt for sine eventyr, var en mesterfortæller, der kunne forvandle hverdagssituationer til magiske verdener. På den anden side skrev Kierkegaard filosofiske værker, der udfordrede samtidens tænkning og lagde grundlaget for eksistentialismen.

Det var også en tid med betydelige videnskabelige fremskridt. Videnskabsfolk som Hans Christian Ørsted og Niels Henrik Abel gjorde bemærkelsesværdige bidrag inden for deres felt. Ørsted er kendt for at have opdaget elektromagnetismen, hvilket revolutionerede fysikken, mens Abel ydede væsentlige bidrag til algebraen.

THE DANISH GOLDEN AGE: ART, LITERATURE, AND INTELLECTUAL FLOURISHING

The Danish Golden Age, which spanned from the early 19th century to the mid-19th century, was a remarkable period characterized by a significant cultural and intellectual flourishing in art, literature, philosophy, and science. This era, following the Napoleonic Wars, was a time when Denmark experienced a wealth of cultural richness and intellectual enlightenment.

In the field of visual arts, the Golden Age painters were pioneering figures. Artists such as Christoffer Wilhelm Eckersberg, Johan Thomas Lundbye, and P.C. Skovgaard created works that presented idyllic landscapes, detailed cityscapes, and intimate portraits. Eckersberg, known as the "Father of Golden Age Painting," was renowned for his meticulous attention to detail and innovative use of light, which influential artists later adopted.

Literature also flourished during the Golden Age. Writers such as H.C. Andersen and Søren Kierkegaard became iconic figures. Andersen, best known for his fairy tales, was a master storyteller who could transform everyday situations into magical worlds. On the other hand, Kierkegaard wrote philosophical works that challenged contemporary thinking and laid the foundation for existentialism.

It was also a time of significant scientific progress. Scientists such as Hans Christian Ørsted and Niels Henrik Abel made notable contributions in their respective fields. Ørsted is known for discovering electromagnetism, revolutionizing physics, while Abel made substantial contributions to algebra.

Trods denne rigdom var guldalderen ikke uden sine udfordringer. Nationen oplevede sociale og politiske forandringer, herunder kampen for demokrati og det nationale tab ved krigen i 1864. Disse udfordringer afspejles i mange af periodens værker, der udtrykker både en følelse af national stolthed og en refleksion over tab.

Den danske guldalder er et afgørende øjeblik i landets historie, der har efterladt en varig arv. Dens kunstnere, forfattere og tænkere har formet den danske kultur og identitet og bidraget til den globale kulturelle og videnskabelige udvikling. Guldalderens værker fortsætter med at inspirere og påvirke, både i Danmark og i resten af verden. Denne periode minder os om vigtigheden af kreativitet og intellektuel stræben, og dens arv lever videre i det moderne Danmark.

Despite this richness, the Golden Age was not without its challenges. The nation experienced social and political changes, including the struggle for democracy and the national loss in the war of 1864. These challenges are reflected in many of the period's works, expressing both a sense of national pride and a reflection on loss.

The Danish Golden Age is a pivotal moment in the country's history that has left a lasting legacy. Its artists, writers, and thinkers have shaped Danish culture and identity and contributed to global cultural and scientific development. The works of the Golden Age continue to inspire and influence, both in Denmark and around the world. This period reminds us of the importance of creativity and intellectual pursuit, and its legacy lives on in modern Denmark.

Banebrydende - Pioneering
Omhyggelig - Careful
Mesterfortæller - Master storyteller
Videnskabelige fremskridt - Scientific advances
Bidrag - Contributions
National stolthed - National pride
Stræben - Strive

2. VERDENSKRIG OG DEN DANSKE MODSTANDSBEVÆGELSE: DET BESATTE DANMARKS KAMP FOR FRIHED

Under 2. Verdenskrig, fra 1940 til 1945, blev Danmark besat af Nazityskland. Selvom landet officielt forblev neutralt, blev dets territorium hurtigt besat i en fredelig "væbnet neutralitet", som betød begrænset militær konfrontation. Men besættelsen førte til fremkomsten af en væsentlig modstandsbevægelse, der kæmpede mod det nazistiske styre og arbejdede for Danmarks frihed.

Den danske modstandsbevægelse bestod af en række grupper, der trodsede nazistisk kontrol på forskellige måder. Nogle organiserede strejker, andre saboterede tyske forsyningslinjer, og atter andre hjalp jøder med at flygte til sikkerhed i Sverige. Selvom de var få i antal i krigens tidlige fase, voksede modstandsbevægelsen i styrke og effektivitet med tiden.

En bemærkelsesværdig begivenhed var redningen af de danske jøder i oktober 1943. Da tyskerne planlagde at deportere Danmarks jødiske befolkning til koncentrationslejre, arbejdede modstandsbevægelsen sammen med andre borgere for at hjælpe over 7.000 jøder med at undslippe til Sverige. Denne handling er stadig et symbol på det danske folks modstand mod nazistisk undertrykkelse.

Selvom modstandsbevægelsen var forskelligartet, var der en fælles tro på vigtigheden af frihed og selvbestemmelse. Disse modstandsfolk risikerede deres liv for at beskytte deres landsmænd og bevare deres nations suverænitet.

WORLD WAR II AND THE DANISH RESISTANCE MOVEMENT: OCCUPIED DENMARK'S FIGHT FOR FREEDOM

During World War II, from 1940 to 1945, Denmark was occupied by Nazi Germany. Although the country officially remained neutral, its territory was quickly occupied in a peaceful "armed neutrality," which meant limited military confrontation. However, the occupation led to the emergence of a significant resistance movement that fought against the Nazi regime and worked for Denmark's freedom.

The Danish Resistance Movement consisted of various groups that defied Nazi control in different ways. Some organized strikes, others sabotaged German supply lines, and yet others helped Jews escape to safety in Sweden. Although they were few in number in the early stages of the war, the resistance movement grew in strength and effectiveness over time.

A remarkable event was the rescue of the Danish Jews in October 1943. When the Germans planned to deport Denmark's Jewish population to concentration camps, the resistance movement, along with other citizens, worked together to help over 7,000 Jews escape to Sweden. This act still stands as a symbol of the Danish people's resistance against Nazi oppression.

Although the resistance movement was diverse, there was a common belief in the importance of freedom and self-determination. These resistance fighters risked their lives to protect their fellow countrymen and preserve their nation's sovereignty.

De kæmpede ikke kun med våben, men også med ord, idet de spredte information og opmuntrede deres medborgere til at modstå nazistisk styre.

Modstandsbevægelsens aktiviteter kulminerede i befrielsen af Danmark den 5. maj 1945. Denne dag, kendt som Befrielsesdagen, fejres stadig hvert år som en påmindelse om Danmarks sejr over undertrykkelse og dens genopretning af frihed og uafhængighed.

Den danske modstandsbevægelse under 2. Verdenskrig er et bevis på det danske folks mod og vilje til at kæmpe for frihed. Trods besættelsens vanskeligheder og farer fortsatte de med at tro på og arbejde for deres lands uafhængighed. Deres historie minder os om, at selv i de mørkeste tider kan modstand og håb tænde et lys, der fører til frihed. Dette er en vigtig del af Danmarks historie, der skal huskes og æres.

They fought not only with weapons but also with words, spreading information and encouraging their fellow citizens to resist Nazi rule.

The activities of the resistance movement culminated in the liberation of Denmark on May 5, 1945. This day, known as Liberation Day, is still celebrated every year as a reminder of Denmark's victory over oppression and its restoration of freedom and independence.

The Danish resistance movement during World War II is evidence of the Danish people's courage and willingness to fight for freedom. Despite the difficulties and dangers of the occupation, they continued to believe in and work for their country's independence. Their story reminds us that even in the darkest times, resistance and hope can ignite a light that leads to freedom. This is an important part of Denmark's history that should be remembered and honored.

Modstandsbevægelse - Resistance movement
Væbnet neutralitet - Armed neutrality
Koncentrationslejr - Concentration camp
Befrielse - Liberation
Undertrykkelse - Oppression
Ære - Honor
Vanskeligheder - Difficulties
Farer - Dangers
Tænde et lys - Light a candle
Genopretning - Restoration
Påmindelse - Reminder

VELFÆRDSSTATEN I DANMARK: OPRINDELSE OG UDVIKLING

Velfærdsstaten i Danmark er et centralt element i den danske identitet og kultur. Den er rodfæstet i en stærk tradition for social solidaritet og kollektiv handling, som har formet landets politiske og sociale struktur gennem det 20. århundrede og ind i det 21. århundrede.

Velfærdsstatens oprindelse i Danmark kan spores tilbage til slutningen af det 19. århundrede med implementeringen af en række sociale reformer. Blandt disse var indførelsen af gratis grundskoleundervisning i 1814 og oprettelsen af sygekasser, der gav arbejderklassen adgang til sundhedspleje.

I det 20. århundrede blev velfærdsstaten yderligere konsolideret. Efter Anden Verdenskrig blev der indført omfattende sociale reformer, der skulle sikre borgerne mod økonomisk usikkerhed. Det blev anset for statens ansvar at sikre borgerne mod risici såsom sygdom, arbejdsløshed og fattigdom. Dette kulminerede i 1970'erne, hvor velfærdsstaten nåede sin nuværende form med universelle ydelser, der inkluderede gratis sundhedspleje, uddannelse, og omfattende sociale sikringsordninger.

Velfærdsstaten i Danmark har undergået betydelige ændringer gennem årene, men dens kerneprincipper om social retfærdighed, lige muligheder og solidaritet er stadig intakte. De danske borgere betaler en høj skat, men i gengæld får de adgang til en lang række offentlige tjenester og sociale sikringer.

THE WELFARE STATE IN DENMARK: ORIGINS AND DEVELOPMENT

The welfare state in Denmark is a central element of Danish identity and culture. It is rooted in a strong tradition of social solidarity and collective action, which has shaped the country's political and social structure throughout the 20th century and into the 21st century.

The origins of the welfare state in Denmark can be traced back to the late 19th century with the implementation of a series of social reforms. Among these were the introduction of free primary education in 1814 and the establishment of sickness funds that provided the working class with access to healthcare.

In the 20th century, the welfare state was further consolidated. After World War II, extensive social reforms were introduced to protect citizens from economic insecurity. It was considered the state's responsibility to safeguard citizens against risks such as illness, unemployment, and poverty. This culminated in the 1970s, when the welfare state took its current form with universal benefits, including free healthcare, education, and comprehensive social security schemes.

The welfare state in Denmark has undergone significant changes over the years, but its core principles of social justice, equal opportunities, and solidarity remain intact. Danish citizens pay high taxes, but in return, they have access to a wide range of public services and social protections.

Denne model er baseret på princippet om "flest mulige ydelser for flest muligt", hvilket betyder, at alle borgere har ret til en vis levestandard, uanset deres indkomst eller sociale status.

Udfordringerne for velfærdsstaten i det 21. århundrede inkluderer at håndtere effekterne af globalisering og demografiske ændringer, såsom en aldrende befolkning. Disse udfordringer kræver løbende tilpasning og reform for at opretholde velfærdsstatens bæredygtighed og relevans.

Velfærdsstaten i Danmark er et eksempel på et samfund, der værdsætter socialt ansvar og kollektiv handling. Det er en model, der har bidraget til landets høje livskvalitet og lave ulighed. Det er en central del af den danske identitet og et vidnesbyrd om landets engagement i at skabe et samfund, der er retfærdigt, inkluderende og solidarisk.

This model is based on the principle of "maximum benefits for the maximum number," meaning that all citizens are entitled to a certain standard of living regardless of their income or social status.

Challenges for the welfare state in the 21st century include dealing with the effects of globalization and demographic changes, such as an aging population. These challenges require ongoing adaptation and reform to maintain the sustainability and relevance of the welfare state.

The welfare state in Denmark is an example of a society that values social responsibility and collective action. It is a model that has contributed to the country's high quality of life and low inequality. It is a central part of Danish identity and a testament to the country's commitment to creating a society that is fair, inclusive, and solidarity-driven.

Velfærdsstaten - The welfare state
Rodfæstet - Rooted
Grundskoleundervisning - Primary education
Sygekasser - Sickness funds
Sundhedspleje - Healthcare
Økonomisk usikkerhed - Economic insecurity
Universelle ydelser - Universal benefits
Sikringsordninger - Security schemes
Kerneprincipper - Core principles
Retfærdighed - Justice
Lige muligheder - Equal opportunities
Bæredygtighed - Sustainability
Demografiske ændringer - Demographic changes
Aldrende - Aging
Livskvalitet - Quality of life
Vidnesbyrd - Testimony
Engagement - Commitment

MODERNE DANSK SAMFUND: KULTURELLE SKIFT OG NUTIDIGE UDFORDRINGER

Det moderne danske samfund er et dynamisk og forskelligartet miljø, der balancerer tradition og innovation, samtidig med at det konfronteres med både interne og eksterne udfordringer.

En af de mest bemærkelsesværdige kulturelle skift i det danske samfund er det stigende fokus på bæredygtighed og grønne initiativer. Danmark er et globalt forbillede inden for grøn energi og er hjemsted for nogle af de mest ambitiøse klimapolitikker i verden. Fra vindmølleparker til bæredygtige byggeprojekter er landet engageret i at minimere sin miljøpåvirkning og fremme en bæredygtig livsstil.

I de seneste årtier har Danmark også oplevet en betydelig kulturel mangfoldighed. Indvandring og globalisering har ført til en mere flerkulturel befolkning, hvilket har haft indflydelse på alle aspekter af samfundslivet, fra mad til musik. Dette har skabt nye muligheder for kulturel udveksling, men har også medført udfordringer i form af social integration og sameksistens.

På den sociale front er kønsdiversitet og ligestilling mellem kønnene vigtige temaer. Selvom Danmark er kendt for sin progressive kønspolitik, er der stadig udfordringer, som f.eks. lønforskelle og kønsstereotyper, der skal overvindes. Arbejdet med at sikre lige muligheder for alle uanset køn er stadig en pågående proces.

MODERN DANISH SOCIETY: CULTURAL SHIFTS AND CONTEMPORARY CHALLENGES

The modern Danish society is a dynamic and diverse environment that balances tradition and innovation while facing both internal and external challenges.

One of the most notable cultural shifts in Danish society is the increasing focus on sustainability and green initiatives. Denmark is a global leader in green energy and is home to some of the most ambitious climate policies in the world. From wind farms to sustainable construction projects, the country is committed to minimizing its environmental impact and promoting a sustainable lifestyle.

In recent decades, Denmark has also experienced significant cultural diversity. Immigration and globalization have led to a more multicultural population, influencing all aspects of society, from food to music. This has created new opportunities for cultural exchange but has also brought challenges in terms of social integration and coexistence.

On the social front, gender diversity and gender equality are important topics. Although Denmark is known for its progressive gender policies, there are still challenges such as wage gaps and gender stereotypes that need to be overcome. The work to ensure equal opportunities for all regardless of gender is an ongoing process.

På trods af at være en velfærdsstat, står Danmark også over for økonomiske og sociale udfordringer. Aldring af befolkningen, stigende sundhedsomkostninger og presset på velfærdsstatens bæredygtighed er blandt de vigtigste udfordringer. Derudover er der spørgsmål om social ulighed, fattigdom og hjemløshed, der kræver fortsat opmærksomhed og handling.

Det moderne danske samfund er også udfordret af den voksende indflydelse af teknologi og digitalisering. Disse ændringer har forbedret livet på mange måder, men de har også medført bekymringer om privatlivets fred, datasikkerhed og den digitale kløft.

Selvom Danmark står over for disse udfordringer, har det fortsat at bevise sin evne til at tilpasse sig og innovere. Fra bæredygtig udvikling til sociale reformer er det danske samfund forpligtet til at finde løsninger, der både respekterer traditioner og tager hensyn til den moderne verden. På trods af de igangværende udfordringer er det danske samfund forblødt resolut i sin søgen efter et samfund, der er retfærdigt, inkluderende og bæredygtigt.

Dette er hjertet i det moderne danske samfund - en uophørlig stræben efter at forbedre, at udfordre og at vokse, mens det fastholder kerneværdier som solidaritet, lighed og respekt for alle. Uanset hvilke udfordringer det står over for, viser det danske samfund en vedholdende vilje til at arbejde hen imod et bedre og mere inkluderende samfund for alle.

Despite being a welfare state, Denmark also faces economic and social challenges. Aging population, rising healthcare costs, and pressure on the sustainability of the welfare state are among the key challenges. Additionally, there are issues of social inequality, poverty, and homelessness that require ongoing attention and action.

The modern Danish society is also challenged by the growing influence of technology and digitization. These changes have improved life in many ways but have also raised concerns about privacy, data security, and the digital divide.

Despite facing these challenges, Denmark has continued to prove its ability to adapt and innovate. From sustainable development to social reforms, Danish society is committed to finding solutions that both respect traditions and consider the modern world. Despite the ongoing challenges, Danish society remains resolute in its pursuit of a society that is fair, inclusive, and sustainable.

This is the heart of the modern Danish society - an incessant striving to improve, challenge, and grow while upholding core values such as solidarity, equality, and respect for all. Regardless of the challenges it faces, Danish society demonstrates a persistent will to work towards a better and more inclusive society for all.

Ligestilling - Gender equality
Kønsstereotyper - Gender stereotypes
Velfærdsstatens bæredygtighed - Sustainability of the welfare state
Hjemløshed - Homelessness
Vedholdende - Persistent

TYCHO BRAHE

Tycho Brahe, født Tyge Ottesen Brahe, var en af de mest betydningsfulde astronomer i renæssancen. Han blev født den 14. december 1546 i Skåne, der dengang var en del af Kongeriget Danmark. Brahe var kendt for sine præcise astronomiske observationer og bidrog væsentligt til forståelsen af himlens bevægelser.

Brahe blev uddannet som jurist, men hans interesse for astronomi førte ham til at forfølge en karriere inden for videnskaben. Han byggede sit eget observatorium, Uraniborg, på øen Hven i Øresund. Observatoriet var udstyret med præcisionsinstrumenter og var en af de mest avancerede astronomiske institutioner på det tidspunkt.

En af Brahes mest betydningsfulde opdagelser var hans omhyggelige observationer af planeten Mars. Han dokumenterede planetens bevægelse og opbyggede en stor mængde data. Disse observationer blev senere analyseret og brugt af hans assistent, Johannes Kepler, til at formulere de tre love om planetbevægelse, der revolutionerede astronomien.

Tycho Brahe blev også kendt for sin teori om, at solsystemet roterede omkring solen, mens solen og månen kredser omkring jorden. Denne model blev kendt som det tychoniske system og var en blanding af de gamle geocentriske og heliocentriske modeller. Selvom Brahes teori senere blev afskrevet til fordel for Copernicus' heliocentriske model, bidrog hans observationer og teorier til at bane vejen for en ny forståelse af vores plads i universet.

TYCHO BRAHE

Tycho Brahe, born Tyge Ottesen Brahe, was one of the most significant astronomers of the Renaissance. He was born on December 14, 1546, in Skåne, which was then part of the Kingdom of Denmark. Brahe was known for his precise astronomical observations and made substantial contributions to the understanding of celestial motion.

Brahe was educated as a lawyer, but his interest in astronomy led him to pursue a career in science. He built his own observatory, Uraniborg, on the island of Hven in the Øresund Strait. The observatory was equipped with precision instruments and was one of the most advanced astronomical institutions of the time.

One of Brahe's most significant discoveries was his meticulous observations of the planet Mars. He documented the planet's movement and accumulated a large amount of data. These observations were later analyzed and used by his assistant, Johannes Kepler, to formulate the three laws of planetary motion that revolutionized astronomy.

Tycho Brahe was also known for his theory that the solar system revolved around the Sun, while the Sun and the Moon revolved around the Earth. This model became known as the Tychonic system and was a blend of the ancient geocentric and heliocentric models. Although Brahe's theory was later discarded in favor of Copernicus' heliocentric model, his observations and theories paved the way for a new understanding of our place in the universe.

Ud over sin astronomiske forskning var Tycho Brahe også kendt for sin ekscentriske personlighed og hans sociale status. Han havde en nært knyttet relation til den danske kongefamilie og blev udnævnt til adelsmand af kongen. Han var kendt for at bære en kunstig næse, som han havde mistet i en duel.

Tycho Brahes bidrag til astronomien og hans avancerede observationsteknikker var banebrydende i sin tid og banede vejen for fremtidige opdagelser og teorier. Hans observationer blev brugt af efterfølgende generationer af astronomer og hans indflydelse på astronomisk videnskab er fortsat til stede den dag i dag. Tycho Brahe døde den 24. oktober 1601, men hans arv og bidrag til astronomien lever videre og er en vigtig del af Danmarks og verdens videnskabelige historie.

In addition to his astronomical research, Tycho Brahe was also known for his eccentric personality and social status. He had a close relationship with the Danish royal family and was appointed a nobleman by the king. He was known for wearing an artificial nose, which he had lost in a duel.

Tycho Brahe's contributions to astronomy and his advanced observational techniques were groundbreaking in his time and laid the foundation for future discoveries and theories. His observations were used by subsequent generations of astronomers, and his influence on the science of astronomy continues to this day. Tycho Brahe died on October 24, 1601, but his legacy and contributions to astronomy live on and are an important part of Denmark's and the world's scientific history.

Bevægelse (movement)

KIERKEGAARD

Kierkegaard er en af Danmarks mest berømte filosoffer og forfattere. Han blev født i 1813 i København og levede indtil sin død i 1855. Kierkegaard er kendt for sine dybe tanker om eksistensen, troen og den menneskelige erfaring. Hans værker har haft en enorm indflydelse på filosofi, teologi og litteratur.

En af Kierkegaards centrale idéer er begrebet om den enkelte og den subjektive eksistens. Han betragtede det enkelte individ som et unikt væsen med sine egne tanker, følelser og valg. Kierkegaard argumenterede for, at det er den enkeltes ansvar at finde sin sande eksistens og leve i overensstemmelse med sine egne værdier og overbevisninger. Han kritiserede det moderne samfund for at skabe en overfladisk og konform kultur, der forhindrer den enkeltes selvrealisering.

Tro var også et centralt tema i Kierkegaards filosofi. Han betragtede troen som en individuel og subjektiv handling, der går ud over det objektive og rationelle. Kierkegaard understregede, at troen ikke kan reduceres til rationel fornuft, men snarere kræver en personlig, eksistentiel engagement. Han talte om det "spring i troen", hvor det enkelte individ tager et afgørende skridt i retning af tro og indgår i et personligt forhold til det guddommelige.

Kierkegaard var også en kritiker af det etablerede religiøse system. Han argumenterede for, at den institutionaliserede kirke ofte forfladiger troen og erstatter den med overfladiskhed og ydre ritualer. Han opfordrede til en personlig og dybtgående tro, der går ud over overfladen og virkelig engagerer individet i et forhold til det guddommelige.

KIERKEGAARD

Kierkegaard is one of Denmark's most famous philosophers and writers. He was born in 1813 in Copenhagen and lived until his death in 1855. Kierkegaard is known for his deep thoughts on existence, faith, and the human experience. His works have had a tremendous influence on philosophy, theology, and literature.

One of Kierkegaard's central ideas is the concept of the individual and subjective existence. He regarded the individual as a unique being with their own thoughts, feelings, and choices. Kierkegaard argued that it is the individual's responsibility to find their true existence and live in accordance with their own values and beliefs. He criticized modern society for creating a superficial and conformist culture that hinders the individual's self-realization.

Faith was also a central theme in Kierkegaard's philosophy. He regarded faith as an individual and subjective act that goes beyond the objective and rational. Kierkegaard emphasized that faith cannot be reduced to rational reasoning but rather requires personal, existential commitment. He spoke of the "leap of faith" in which the individual takes a decisive step towards faith and enters into a personal relationship with the divine.

Kierkegaard was also a critic of the established religious system. He argued that the institutionalized church often trivializes faith and replaces it with superficiality and external rituals. He called for a personal and profound faith that goes beyond the surface and truly engages the individual in a relationship with the divine.

Som forfatter anvendte Kierkegaard forskellige pseudonymer i sine værker. Han skrev i forskellige stemmer og perspektiver for at udforske forskellige aspekter af den menneskelige eksistens. Nogle af hans mest kendte værker inkluderer "Enten-Eller", "Frygt og Bæven" og "Enten - Eller". Hans skrivestil var ofte poetisk, ironisk og dybt reflekterende.

Kierkegaards værker blev ikke fuldt anerkendt i hans levetid, men hans indflydelse voksede betydeligt efter hans død. Han er nu anerkendt som en af de vigtigste tænkere inden for eksistentialismen og har inspireret generationer af filosoffer, forfattere og teologer. Hans tanker om den subjektive eksistens, troen og den menneskelige erfaring har en tidløs relevans og fortsætter med at udfordre og inspirere mennesker i dag.

Kierkegaard efterlod en arv af dyb refleksion og introspektion. Hans filosofi udfordrer os til at tænke over vores eksistens, vores valg og vores forhold til verden omkring os. Han minder os om vigtigheden af at leve autentisk og ægte, at tage ansvar for vores handlinger og at stræbe efter at finde mening og formål i vores liv.

Kierkegaards indflydelse på dansk kultur og intellektuel tradition kan ikke undervurderes. Han har efterladt en arv af tanker og ideer, der fortsætter med at udfordre og berige vores forståelse af os selv og verden omkring os. Kierkegaard er en af Danmarks mest betydningsfulde sønner, hvis bidrag vil blive husket og værdsat i mange år fremover.

As a writer, Kierkegaard used various pseudonyms in his works. He wrote in different voices and perspectives to explore different aspects of human existence. Some of his most well-known works include "Either/Or," "Fear and Trembling," and "The Sickness Unto Death." His writing style was often poetic, ironic, and deeply reflective.

Kierkegaard's works were not fully recognized in his lifetime, but his influence grew significantly after his death. He is now recognized as one of the most important thinkers within existentialism and has inspired generations of philosophers, writers, and theologians. His thoughts on subjective existence, faith, and the human experience have a timeless relevance and continue to challenge and inspire people today.

Kierkegaard left a legacy of deep reflection and introspection. His philosophy challenges us to think about our existence, our choices, and our relationship to the world around us. He reminds us of the importance of living authentically and genuinely, taking responsibility for our actions, and striving to find meaning and purpose in our lives.

Kierkegaard's influence on Danish culture and intellectual tradition cannot be underestimated. He has left a legacy of thoughts and ideas that continue to challenge and enrich our understanding of ourselves and the world around us. Kierkegaard is one of Denmark's most significant sons, whose contributions will be remembered and appreciated for many years to come.

Overfladisk - Superficial   Overtro - Superstition
Forankret - Anchored
Søgende - Searching
Dybdegående - Profound
Forfængelighed - Vanity

KAREN BLIXEN

Karen Blixen, også kendt under pseudonymet Isak Dinesen, var en af Danmarks mest berømte forfattere. Hendes litterære værker og livshistorie har haft en betydelig indflydelse på dansk litteratur og international kultur. Blixens unikke stemme og fortællestil har gjort hende til en af de mest elskede forfattere i det 20. århundrede.

Karen Blixen blev født den 17. april 1885 i Rungstedlund, en herregård nord for København. Hun blev født ind i en velhavende og velrenommeret familie, og hendes opvækst prægede hendes senere skrivestil og temaer. Blixens forfatterskab er kendetegnet ved en dyb forståelse for menneskelig natur, kærlighed, tab og længsel.

En af Karen Blixens mest berømte værker er romanen "Den afrikanske farm", som blev udgivet i 1937. Romanen er baseret på hendes eget liv og hendes oplevelser som kaffefarmer i Kenya. Blixen formår at indfange den vilde skønhed og mystikken i det afrikanske landskab samtidig med at udforske komplekse temaer som kærlighed, tab og kulturel forskellighed.

Blixen skrev også en række noveller, herunder "Syv fantastiske fortællinger" og "Vinter-Eventyr", der viser hendes evne til at skabe atmosfæriske og poetiske historier med dybde og symbolik. Hendes fortællinger er ofte præget af en blanding af virkelighed og fantasi, og de udforsker temaer som skæbne, skønhed og menneskelig forbindelse.

Karen Blixen var ikke kun en dygtig forfatter, men også en stærk og inspirerende kvinde. Hun var kendt for sin elegante og intellektuelle stil samt sin evne til at navigere i en mandsdomineret verden.

KAREN BLIXEN

Karen Blixen, also known by the pseudonym Isak Dinesen, was one of Denmark's most famous writers. Her literary works and life story have had a significant influence on Danish literature and international culture. Blixen's unique voice and storytelling style have made her one of the most beloved authors of the 20th century.

Karen Blixen was born on April 17, 1885, in Rungstedlund, an estate north of Copenhagen. She was born into a wealthy and well-respected family, and her upbringing influenced her later writing style and themes. Blixen's body of work is characterized by a deep understanding of human nature, love, loss, and longing.

One of Karen Blixen's most famous works is the novel "Out of Africa," published in 1937. The novel is based on her own life and her experiences as a coffee farmer in Kenya. Blixen manages to capture the wild beauty and mystique of the African landscape while exploring complex themes such as love, loss, and cultural diversity.

Blixen also wrote a series of short stories, including "Seven Gothic Tales" and "Winter's Tales," which showcase her ability to create atmospheric and poetic stories with depth and symbolism. Her tales are often characterized by a blend of reality and fantasy, and they explore themes such as fate, beauty, and human connection.

Karen Blixen was not only a talented writer but also a strong and inspiring woman. She was known for her elegant and intellectual style as well as her ability to navigate a male-dominated world.

Blixen var en visionær og en pioner inden for feministisk litteratur, og hendes værker udforskede kvinders roller og udfordringer på en unik måde.

Blixens indflydelse rækker langt ud over hendes hjemland. Hun blev oversat til mange sprog, og hendes værker er blevet elsket og beundret af læsere over hele verden. Hendes evne til at fange essensen af menneskelig eksistens og formidle det gennem smukke og poetiske sprog har gjort hende til en af de mest indflydelsesrige forfattere i det 20. århundrede.

Karen Blixen levede et fascinerende liv fyldt med eventyr og udfordringer. Hun blev tvunget til at forlade Afrika og vendte tilbage til Danmark på grund af økonomiske problemer, men hendes erindringer og oplevelser i Afrika forblev en vigtig del af hendes liv og forfatterskab. Hun fortsatte med at skrive og dele sine historier med verden, indtil hendes død den 7. september 1962.

Karen Blixen efterlod en varig arv inden for dansk litteratur og global kultur. Hendes værker og hendes spirituelle indsigt fortsætter med at inspirere og berøre læsere i dag. Gennem hendes historier formåede hun at formidle den universelle menneskelige erfaring og sætte ord på de dybeste følelser og længsler. Karen Blixens bidrag til litteraturen vil blive husket og fejret i generationer fremover.

Blixen was a visionary and a pioneer in feminist literature, and her works explored women's roles and challenges in a unique way.

Blixen's influence extends far beyond her home country. She was translated into many languages, and her works have been loved and admired by readers around the world. Her ability to capture the essence of human existence and convey it through beautiful and poetic language has made her one of the most influential writers of the 20th century.

Karen Blixen lived a fascinating life filled with adventures and challenges. She was forced to leave Africa and return to Denmark due to financial problems, but her memories and experiences in Africa remained an important part of her life and writing. She continued to write and share her stories with the world until her death on September 7, 1962.

Karen Blixen left a lasting legacy in Danish literature and global culture. Her works and her spiritual insight continue to inspire and touch readers today. Through her stories, she managed to convey the universal human experience and articulate the deepest emotions and longings. Karen Blixen's contributions to literature will be remembered and celebrated for generations to come.

Forfatterskab - Literary works   Fejring - Celebration
Opvækst - Upbringing
Tematik - Themes
Stemning - Atmosphere
Skæbne - Fate
Erindring - Memory
Åndelig indsigt - Spiritual insight
Følelse - Emotion
Længsel - Longing
Hyldest - Tribute
Fortid - Past

NIELS BOHR

Niels Bohr var en af de mest betydningsfulde danske fysikere og en af de største videnskabelige tænkere i det 20. århundrede. Han blev født den 7. oktober 1885 i København og voksede op i en familie præget af intellekt og videnskab.

Bohr er mest kendt for sin banebrydende indsigt i atomets struktur og hans bidrag til udviklingen af kvantemekanikken. Han formulerede den såkaldte Bohr-model af atomets opbygning, som beskriver elektronernes kredsløb omkring atomkernen og deres energiniveauer. Denne model var et afgørende skridt i forståelsen af atomernes og molekylernes egenskaber.

Bohrs teoretiske arbejde banede vejen for en ny forståelse af den mikroskopiske verden og lagde grundlaget for moderne fysik. Hans opdagelser og principper inden for kvantemekanikken har haft en enorm indflydelse på forskningen inden for atomfysik, nuklear fysik og partikelfysik.

Udover sit videnskabelige arbejde spillede Bohr også en afgørende rolle som mentor og vejleder for mange fremragende fysikere, der senere selv blev førende inden for feltet. Han etablerede og ledede Instituttet for Teoretisk Fysik i København, hvor han skabte en stimulerende og intellektuelt rig atmosfære for forskning og diskussion.

Bohr var også kendt for sin filosofiske tilgang til videnskaben. Han mente, at det var nødvendigt at forstå videnskabens filosofiske og epistemologiske grundlag for at kunne anvende den på en meningsfuld måde. Han deltog aktivt i debatter om videnskabens rolle i samfundet og forsøgte at fremme dialogen mellem videnskab og humaniora.

NIELS BOHR

Niels Bohr was one of the most significant Danish physicists and one of the greatest scientific thinkers of the 20th century. He was born on October 7, 1885, in Copenhagen and grew up in a family influenced by intellect and science.

Bohr is best known for his groundbreaking insights into the structure of the atom and his contributions to the development of quantum mechanics. He formulated the so-called Bohr model of atomic structure, which describes the orbits of electrons around the atomic nucleus and their energy levels. This model was a crucial step in understanding the properties of atoms and molecules.

Bohr's theoretical work paved the way for a new understanding of the microscopic world and laid the foundation for modern physics. His discoveries and principles in quantum mechanics have had a tremendous impact on research in atomic physics, nuclear physics, and particle physics.
In addition to his scientific work, Bohr also played a crucial role as a mentor and advisor to many outstanding physicists who later became leaders in the field. He established and led the Institute for Theoretical Physics in Copenhagen, creating a stimulating and intellectually rich environment for research and discussion.

Bohr was also known for his philosophical approach to science. He believed that it was necessary to understand the philosophical and epistemological foundations of science in order to apply it meaningfully. He actively participated in debates about the role of science in society and sought to promote dialogue between science and the humanities.

Under Anden Verdenskrig spillede Bohr en vigtig rolle i
udviklingen af atomvåben. Han deltog i Manhattan-
projektet, der førte til udviklingen af den første atombombe.
Efter krigen var han en stærk fortaler for fredelig anvendelse
af atomenergi og var med til at etablere Det Europæiske
Center for Nuklearforskning (CERN).

Bohr blev anerkendt og hædret for sit videnskabelige
arbejde og hans bidrag til samfundet. Han modtog
adskillige priser og udmærkelser, herunder Nobelprisen i
fysik i 1922. Hans arv lever videre gennem de mange
studerende og forskere, han har inspireret, og gennem hans
videnskabelige og filosofiske bidrag til menneskehedens
viden.

Niels Bohr var ikke kun en stor videnskabsmand, men også
en dedikeret humanist og talsmand for videnskabens rolle i
samfundet. Han var en pioner inden for atomfysikken og
kvantemekanikken og efterlod en dybtgående indflydelse
på videnskaben og vores forståelse af universet. Hans
arbejde og ideer fortsætter med at inspirere og udfordre
nutidens videnskabsmænd og fortsætter med at forme
fremtidens videnskab.

During World War II, Bohr played an important role in the development of atomic weapons. He participated in the Manhattan Project, which led to the development of the first atomic bomb. After the war, he became a strong advocate for the peaceful use of atomic energy and was involved in the establishment of the European Center for Nuclear Research (CERN).

Bohr was recognized and honored for his scientific work and contributions to society. He received numerous awards and accolades, including the Nobel Prize in Physics in 1922. His legacy lives on through the many students and researchers he inspired and through his scientific and philosophical contributions to human knowledge.

Niels Bohr was not only a great scientist but also a dedicated humanist and advocate for the role of science in society. He was a pioneer in atomic physics and quantum mechanics, leaving a profound impact on science and our understanding of the universe. His work and ideas continue to inspire and challenge today's scientists and continue to shape the future of science.

Elektronbaner - Electron orbits
Kernefysik - Nuclear physics
Rådgiver - Advisor
Intellektuelt rigt miljø - Intellectually rich environment
Filosofisk tilgang - Philosophical approach
Erkendelsesteoretiske fundament - Epistemological foundations
Menneskerettigheder - Human rights
Kernekraft - Nuclear energy
Æresbevisninger - Honors
Udfordre - Challenge

HANS CHRISTIAN ANDERSEN

Hans Christian Andersen, eller H.C. Andersen, som han er bedre kendt som, er en af Danmarks mest berømte forfattere og en sand national skat. Hans eventyr og fortællinger har fortryllet både børn og voksne i generationer og har bidraget til at definere dansk litteratur og kultur.

H.C. Andersen blev født den 2. april 1805 i Odense, Danmark. Han voksede op i en fattig familie, og hans tidlige liv var præget af modgang og udfordringer. Men han viste tidligt en passion for at fortælle historier og skrive, og han blev støttet af lærere og mentorer, der så hans talent.

I en alder af 14 år forlod Andersen sin hjemby og begav sig til København for at forfølge sin drøm om at blive skuespiller og forfatter. Selvom hans skuespilkarriere ikke blev en succes, blev han hurtigt anerkendt som forfatter, især for sine eventyr. Han udgav sin første samling af eventyr, "Eventyr, fortalte for Børn" i 1835, og det blev hurtigt en stor succes.

H.C. Andersens eventyr er kendt for deres magiske og fantasifulde karakter. De tager læserne med på eventyrlige rejser gennem en verden af prinsesser, troldmænd, tivoli og talende dyr. Men eventyrene er mere end blot underholdning. De har dybe symboliske og moralske budskaber, der appellerer til både børn og voksne. De behandler temaer som kærlighed, mod, skønhed, forandring og overvindelse af livets udfordringer.

H.C. Andersen skrev ikke kun eventyr, men også digte, romaner, skuespil og rejsebeskrivelser. Han var en alsidig forfatter, der beherskede forskellige genrer og stilarter. Hans værker blev oversat til mange sprog og blev populære over hele verden.

HANS CHRISTIAN ANDERSEN

Hans Christian Andersen, or H.C. Andersen as he is better known, is one of Denmark's most famous writers and a true national treasure. His fairy tales and stories have enchanted both children and adults for generations and have contributed to defining Danish literature and culture.

H.C. Andersen was born on April 2, 1805, in Odense, Denmark. He grew up in a poor family, and his early life was marked by adversity and challenges. But he showed an early passion for storytelling and writing, and he was supported by teachers and mentors who recognized his talent.

At the age of 14, Andersen left his hometown and headed to Copenhagen to pursue his dream of becoming an actor and writer. Although his acting career was not a success, he quickly gained recognition as a writer, especially for his fairy tales. He published his first collection of fairy tales, "Fairy Tales, Told for Children," in 1835, and it quickly became a great success.

H.C. Andersen's fairy tales are known for their magical and imaginative character. They take readers on enchanting journeys through a world of princesses, wizards, amusement parks, and talking animals. But the fairy tales are more than just entertainment. They have deep symbolic and moral messages that appeal to both children and adults. They address themes such as love, courage, beauty, change, and overcoming life's challenges.
H.C. Andersen not only wrote fairy tales but also poems, novels, plays, and travelogues. He was a versatile writer who mastered different genres and styles. His works were translated into many languages and became popular worldwide.

Andersen rejste meget i sit liv og besøgte mange lande og kulturer. Hans rejseoplevelser inspirerede ham til at skrive og bidrog til hans verdensomspændende berømmelse. Han blev kendt som en international ambassadør for dansk kultur og litteratur.

H.C. Andersen var også en interessant personlighed med en kompleks karakter. Han var kendt for at være lidt excentrisk og havde en levende fantasi. Han var en romantisk og følsom sjæl, der ofte følte sig uden forståelse og ensomhed. Han blev hyldet og beundret af mange, men havde også kritikere og modstandere.

Andersen døde den 4. august 1875, men hans arv lever videre. Hans eventyr er blevet genfortalt og genfortolket utallige gange og har inspireret mange kunstnere og forfattere. Hans betydning for dansk kultur kan ikke overvurderes, og han er stadig en vigtig del af Danmarks litterære og kulturelle arv.

H.C. Andersen vil altid være kendt som en af de største forfattere i verdenslitteraturen. Hans eventyr har rørt millioner af hjerter og vil fortsat fortrylle læsere i generationer. Han er en stolt repræsentant for dansk kreativitet, fantasi og fortællekunst. Vi er taknemmelige for hans bidrag til litteraturen og for den magi, han har bragt ind i vores liv.

Andersen traveled extensively in his life, visiting many countries and cultures. His travel experiences inspired him to write and contributed to his global fame. He became known as an international ambassador for Danish culture and literature.

H.C. Andersen was also an interesting personality with a complex character. He was known to be somewhat eccentric and had a vivid imagination. He was a romantic and sensitive soul who often felt misunderstood and lonely. He was celebrated and admired by many, but he also had critics and opponents.

Andersen passed away on August 4, 1875, but his legacy lives on. His fairy tales have been retold and reinterpreted countless times and have inspired many artists and writers. His importance to Danish culture cannot be overstated, and he remains an important part of Denmark's literary and cultural heritage.

H.C. Andersen will always be known as one of the greatest writers in world literature. His fairy tales have touched millions of hearts and will continue to enchant readers for generations. He is a proud representative of Danish creativity, imagination, and storytelling. We are grateful for his contributions to literature and for the magic he has brought into our lives.

Nationalklenodie - National treasure
Eventyr - Fairy tales   Trolde - Trolls
Modgang - Adversity
Skuespillerkarriere - Acting career
Digtning - Poetry
Skuespil - Plays
Rejsebeskrivelser - Travelogues
Følsom - Sensitive
Fortolkninger - Interpretations

TRE DANSKE BYER

København:
København er hovedstaden i Danmark og en by, der emmer af historie og kultur. Byen har en unik blanding af gammel og moderne arkitektur, der giver den en karakteristisk charme. Ved at udforske København vil man opdage imponerende seværdigheder som Nyhavn, en farverig havnepromenade fyldt med charmerende gamle huse, restauranter og både. Tivoli, en forlystelsespark fra 1843, er også et populært sted at besøge, især om aftenen, når parken bliver oplyst i et magisk lys.

København er også hjemsted for imponerende kongelige paladser som Amalienborg, hvor dronning Margrethe II og den kongelige familie bor. Byen er også berømt for Den Lille Havfrue-statuen, der er inspireret af H.C. Andersens eventyr. København er også et mekka for arkitekturinteresserede, hvor man kan beundre moderne bygninger som Den Sorte Diamant, Operaen og BLOX.

Byen er kendt for sin cykelkultur og sine grønne områder. Der er et stort netværk af cykelstier, der gør det nemt at udforske byen på cykel. København er også en af de mest bæredygtige byer i verden og har et ambitiøst mål om at blive CO2-neutral inden 2025.

Aarhus:
Aarhus er Danmarks andenstørste by og en spændende destination med en rig kulturel scene. Byen har en blanding af moderne arkitektur og historiske bygninger og er kendt for sine mange museer og kunstgallerier. Et af de mest imponerende museer er ARoS Aarhus Kunstmuseum, der huser en omfattende samling af moderne og samtidskunst samt det ikoniske Rainbow Panorama, der giver besøgende en unik udsigt over byen.

THREE DANISH CITIES

Copenhagen:
Copenhagen is the capital of Denmark and a city filled with history and culture. The city has a unique blend of old and modern architecture, giving it a distinct charm. By exploring Copenhagen, one will discover impressive sights such as Nyhavn, a colorful harbor promenade filled with charming old houses, restaurants, and boats. Tivoli, an amusement park dating back to 1843, is also a popular place to visit, especially in the evening when the park is illuminated in a magical light.

Copenhagen is also home to impressive royal palaces such as Amalienborg, where Queen Margrethe II and the royal family reside. The city is also famous for The Little Mermaid statue, inspired by H.C. Andersen's fairy tale. Copenhagen is also a mecca for architecture enthusiasts, where one can admire modern buildings such as The Black Diamond, The Opera House, and BLOX.

The city is known for its cycling culture and green spaces. There is a vast network of bike lanes, making it easy to explore the city by bicycle. Copenhagen is also one of the most sustainable cities in the world and has an ambitious goal of becoming carbon neutral by 2025.

Aarhus:
Aarhus is Denmark's second-largest city and an exciting destination with a rich cultural scene. The city features a mix of modern architecture and historical buildings and is known for its many museums and art galleries. One of the most impressive museums is ARoS Aarhus Art Museum, which houses an extensive collection of modern and contemporary art, including the iconic Rainbow Panorama, offering visitors a unique view of the city.

Aarhus er også kendt for sin musik- og teaterscene. Musikhuset Aarhus er en vigtig kulturinstitution, der tiltrækker nationale og internationale kunstnere og optrædener. Aarhus Teater er en af Danmarks største teatre og byder på et bredt udvalg af forestillinger fra drama til musik og dans.

En af Aarhus' mest populære attraktioner er Den Gamle By, der er et åbent friluftsmuseum, der genskaber byens historiske atmosfære. Besøgende kan vandre gennem brostensbelagte gader og udforske velbevarede gamle huse og butikker. Den Gamle By er også vært for forskellige kulturelle arrangementer og markeder i løbet af året.

Aarhus har også en smuk natur i nærheden. Byen ligger tæt på skove og strande, hvilket giver mulighed for udendørs aktiviteter som vandreture, cykling og strandliv. Aarhus er også kendt for sin årlige musikfestival, NorthSide, der tiltrækker både lokale og internationale musikere og besøgende.

Odense:
Odense, der ligger på øen Fyn, er mest kendt som fødestedet for eventyrdigteren H.C. Andersen. Byen hylder hans arv med forskellige attraktioner og museer. H.C. Andersen Museet giver et indblik i forfatterens liv og værker, mens Den Fynske Landsby er et friluftsmuseum, der genskaber landlivet fra Andersen's tid.

Odense er en charmerende by med en malerisk atmosfære. Den gamle bydel byder på brostensbelagte gader, bindingsværkshuse og hyggelige caféer. Byens centrale punkt er den imponerende Odense Domkirke, der er en af landets ældste kirker.

Aarhus is also known for its music and theater scene. Musikhuset Aarhus is an important cultural institution, attracting national and international artists and performances. Aarhus Theater is one of Denmark's largest theaters, offering a wide range of shows from drama to music and dance.

One of Aarhus' most popular attractions is Den Gamle By (The Old Town), an open-air museum that recreates the city's historical atmosphere. Visitors can wander through cobblestone streets and explore well-preserved old houses and shops. Den Gamle By also hosts various cultural events and markets throughout the year.

Aarhus also boasts beautiful nature nearby. The city is close to forests and beaches, offering opportunities for outdoor activities such as hiking, cycling, and beach life. Aarhus is also known for its annual music festival, NorthSide, attracting both local and international musicians and visitors.

Odense:
Odense, located on the island of Funen, is best known as the birthplace of fairy tale writer H.C. Andersen. The city honors his legacy with various attractions and museums. The H.C. Andersen Museum provides insight into the author's life and works, while The Funen Village is an open-air museum that recreates rural life from Andersen's time.

Odense is a charming city with a picturesque atmosphere. The old town features cobblestone streets, half-timbered houses, and cozy cafes. The central point of the city is the impressive Odense Cathedral, one of the country's oldest churches.

I Odense kan man også besøge Eventyrhaven, en park, hvor man kan finde statuer af nogle af H.C. Andersens mest elskede figurer. Byen er vært for H.C. Andersen Festivals hvert år, hvor teaterforestillinger, koncerter og andre begivenheder finder sted for at fejre eventyrdigterens liv og værker.

Odense er også kendt for sine smukke grønne områder, herunder Munke Mose-parken og Odense Å, der er perfekte til afslappende gåture og picnic. Byen har også en blomstrende kulturscene med teatre, koncertsteder og kunstgallerier, der tilbyder et væld af kulturelle oplevelser.

Disse tre byer i Danmark tilbyder hver især en unik oplevelse og er værd at udforske. Uanset om det er Københavns pulserende atmosfære, Aarhus' kulturelle mangfoldighed eller Odenses forbindelse til H.C. Andersens eventyr, vil besøgende finde en rigdom af historie, kunst, arkitektur og naturskønhed i disse danske byer.

In Odense, one can also visit the Fairy Tale Garden, a park where statues of some of H.C. Andersen's most beloved characters can be found. The city hosts the H.C. Andersen Festival every year, featuring theater performances, concerts, and other events to celebrate the life and works of the fairy tale writer.

Odense is also known for its beautiful green areas, including Munke Mose Park and Odense River, perfect for relaxing walks and picnics. The city has a thriving cultural scene with theaters, concert venues, and art galleries, offering a wealth of cultural experiences.

These three cities in Denmark each offer a unique experience and are worth exploring. Whether it's Copenhagen's vibrant atmosphere, Aarhus' cultural diversity, or Odense's connection to H.C. Andersen's fairy tales, visitors will find a wealth of history, art, architecture, and natural beauty in these Danish cities.

Copenhagen
Emmer - exudes
Havnefronten -harbor promenade
Forlystelsespark - amusement park
Oplyst - illuminated

Aarhus
Regnbue - rainbow
Friluftsmuseum - open-air museum
Begivenheder - events

Odense
Malerisk - picturesque

TIVOLI, KRONBORG SLOT OG DEN LILLE HAVFRUE STATUE: IKONISKE LANDEMÆRKER I DANMARK

Danmark er kendt for sine rige historie, enestående arkitektur og unikke attraktioner. Tre af de mest ikoniske landemærker er Tivoli, Kronborg Slot og Den Lille Havfrue statue, hver med sin egen fascinerende historie og betydning.

Tivoli, beliggende i hjertet af København, er en af verdens ældste fungerende forlystelsesparker og er et must-see for både lokale og turister. Parken blev åbnet i 1843 og har siden da været et symbol på byens livsglæde og kreativitet. Det unikke ved Tivoli er dets evne til at blande gammelt og nyt. Her kan du finde historiske bygninger, gamle trækkarruseller og smukke haver side om side med moderne forlystelser og spændende spisesteder. Tivoli er ikke kun en park, det er en oplevelse af magi og underholdning, der bringer folk sammen og skaber uforglemmelige minder.

Ikke langt fra København, i Helsingør, finder du Kronborg Slot, et af Nordeuropas mest betydningsfulde renæssanceslotte og kendt fra Shakespeares Hamlet. Slotte blev oprindeligt bygget i 1420'erne, men det nuværende slot stammer fra 1600-tallet. Kronborg Slot er et mesterværk af renæssancearkitektur, med imponerende tårne, mægtige mure og en fascinerende indre gård. Slotets historiske betydning, sammen med dets skønhed og grandiositet, har gjort det til et UNESCO Verdensarvssted. Kronborg er ikke kun et slot, det er et levende minde om Danmarks historie og dets kulturelle arv.

TIVOLI, KRONBORG CASTLE, AND THE LITTLE MERMAID STATUE: ICONIC LANDMARKS IN DENMARK

Denmark is known for its rich history, unique architecture, and distinctive attractions. Three of the most iconic landmarks are Tivoli, Kronborg Castle, and The Little Mermaid statue, each with its own fascinating history and significance.

Tivoli, located in the heart of Copenhagen, is one of the world's oldest operating amusement parks and is a must-see for both locals and tourists. The park opened in 1843 and has since been a symbol of the city's joy of life and creativity. What makes Tivoli unique is its ability to blend the old and the new. Here, you can find historic buildings, old-fashioned carousels, and beautiful gardens alongside modern rides and exciting dining establishments. Tivoli is not just a park; it is an experience of magic and entertainment that brings people together and creates unforgettable memories.

Not far from Copenhagen, in Helsingør, you will find Kronborg Castle, one of Northern Europe's most significant Renaissance castles, famously known from Shakespeare's Hamlet. The castle was originally built in the 1420s, but the current structure dates back to the 17th century. Kronborg Castle is a masterpiece of Renaissance architecture, with impressive towers, mighty walls, and a fascinating inner courtyard. The historical importance of the castle, along with its beauty and grandeur, has made it a UNESCO World Heritage site. Kronborg is not just a castle; it is a living testament to Denmark's history and its cultural heritage.

Endelig er Den Lille Havfrue, en bronze statue af Edvard Eriksen, en af Danmarks mest kendte og elskede symboler. Den er baseret på det berømte eventyr af H.C. Andersen og er blevet et symbol på København og Danmark som helhed. Siden 1913 har statuen siddet på en sten ved Langelinie i Københavns havn, og har været målet for millioner af besøgende. Trods sin lille størrelse, er den lille havfrue en kraftfuld repræsentation af det danske folks kærlighed til deres eventyrtradition og deres tætte forhold til havet.

Sammen repræsenterer Tivoli, Kronborg Slot og Den Lille Havfrue det unikke ved Danmark: en dyb respekt for historien, en livlig kærlighed til kunst og kultur, og en evig forbindelse med naturen. De er ikke bare turistattraktioner, men levende symboler på det danske samfund, dets værdier og dets karakter. At besøge disse steder er at dykke ned i det danske folks sjæl og at forstå det dybde af deres kultur og identitet. I denne forstand er disse landemærker mere end bare smukke seværdigheder - de er vinduer til det danske hjerte.

Når du besøger Tivoli, træder du ind i en verden af fantasi og forundring, hvor fornøjelse og afslapning går hånd i hånd. Når du træder ind i Kronborg Slot, føler du tyngden af historie og det formidable danske håndværk. Og når du ser på Den Lille Havfrue, forstår du det danske folks dybe forbindelse med havet og deres kærlighed til eventyr.

Men endnu mere end det, besøger du disse steder, føler du Danmarks sjæl - et folk, der er stolt af sin historie, men også ser fremad, som fejrer sin kultur, men også glæder sig over mangfoldighed, og som holder fast i traditioner, men også omfavner forandring. Dette er den sande skønhed af Tivoli, Kronborg Slot og Den Lille Havfrue: de viser ikke kun Danmarks fortid, men også dens fremtid, ikke kun dens arv, men også dens potentiale.

Lastly, The Little Mermaid, a bronze statue by Edvard Eriksen, is one of Denmark's most renowned and beloved symbols. It is based on the famous fairy tale by H.C. Andersen and has become a symbol of Copenhagen and Denmark as a whole. Since 1913, the statue has sat on a rock at Langelinie in Copenhagen's harbor and has been the destination for millions of visitors. Despite its small size, The Little Mermaid is a powerful representation of the Danish people's love for their fairy tale tradition and their close relationship with the sea.

Together, Tivoli, Kronborg Castle, and The Little Mermaid represent the uniqueness of Denmark: a deep respect for history, a vibrant love for art and culture, and an everlasting connection with nature. They are not just tourist attractions; they are living symbols of Danish society, its values, and its character. Visiting these places is diving into the Danish soul and understanding the depth of their culture and identity. In this sense, these landmarks are more than just beautiful sights - they are windows to the Danish heart.

When you visit Tivoli, you enter a world of fantasy and wonder, where pleasure and relaxation go hand in hand. When you step into Kronborg Castle, you feel the weight of history and the formidable Danish craftsmanship. And when you gaze at The Little Mermaid, you understand the Danish people's deep connection with the sea and their love for adventure.

But more than that, visiting these places, you feel Denmark's soul - a people proud of their history yet looking forward, celebrating their culture yet embracing diversity, holding onto traditions yet embracing change. This is the true beauty of Tivoli, Kronborg Castle, and The Little Mermaid: they not only showcase Denmark's past but also its future, not just its heritage but also its potential.

Der er ingen bedre måde at forstå Danmark på, end at opleve dets landemærker. Fra Tivolis levende lys til Kronborg Slots stenmure til Den Lille Havfrues stille skønhed, de fortæller en historie om et folk, der bygger broer mellem fortid og fremtid, mellem naturen og mennesket, mellem det lokale og det globale. De er vartegn for det danske samfund, og de er spejle til det danske sjæl.

Hver for sig, er Tivoli, Kronborg Slot og Den Lille Havfrue unikke vidundere. Sammen, de repræsenterer det bedste af Danmark - dets mod, dets ånd og dets hjerte. De er mere end bare ikoniske seværdigheder - de er skatte af det danske liv, og de er symboler på det danske folks uendelige stræben efter skønhed, betydning og forbindelse.

There is no better way to understand Denmark than to experience its landmarks. From Tivoli's illuminated candles to Kronborg Castle's stone walls to The Little Mermaid's serene beauty, they tell a story of a people bridging the past and the future, nature and mankind, the local and the global. They are beacons of Danish society, and they are mirrors to the Danish soul.

Individually, Tivoli, Kronborg Castle, and The Little Mermaid are unique wonders. Together, they represent the best of Denmark - its courage, its spirit, and its heart. They are more than just iconic attractions - they are treasures of Danish life, and they are symbols of the Danish people's endless pursuit of beauty, significance, and connection.

Trækarruseller: Carousels
Digitale kløft: Digital divide
Tætte: Close

RIBE: DANMARKS ÆLDSTE BY

Ribe, beliggende i det sydvestlige Jylland, er kendt som Danmarks ældste by og er en skattekiste af historie, kultur og naturskønne omgivelser. Byens historie strækker sig mere end 1300 år tilbage i tiden, hvilket gør den til en af de ældste i hele Skandinavien.

Ribe blev grundlagt omkring år 700 e.Kr., og byens betydning voksede hurtigt takket være dens placering ved Ribe Å, som var en vigtig handelsrute. Ribe blev et centrum for både handel og religion, med opførelsen af Ribe Domkirke i det 12. århundrede som et centralt punkt for kristendommens indtog i Danmark.

Når man går rundt i Ribes brostensbelagte gader, er det nemt at føle historiens vingesus. Byen er præget af velbevarede middelalderbygninger, herunder det charmerende Rådhus og mange smukke, gamle huse. Ribe er ikke kun en by i Danmark, men et levende museum, der vidner om landets tidlige historie og udvikling.

En af Ribes mest kendte attraktioner er netop Ribe Domkirke, eller Vor Frue Kirke, som den også kaldes. Denne imponerende bygning er den ældste katedral i Danmark og er kendt for sin blanding af romansk og gotisk arkitektur. Fra domkirkens tårn kan man nyde en storslået udsigt over byen og det omkringliggende landskab.

Ribe er også kendt for sin nærhed til Vadehavet, et UNESCO verdensarvssted, der er hjemsted for en rigdom af dyre- og planteliv. Vadehavet er et paradis for fuglekiggere, og i forår og efterår kan man opleve et betagende syn, når tusindvis af trækfugle samles i området. Ribe er desuden indgangen til Nationalpark Vadehavet, Danmarks største nationalpark, der byder på enestående naturoplevelser.

RIBE: DENMARK'S OLDEST TOWN

Ribe, located in southwestern Jutland, is known as Denmark's oldest town and is a treasure trove of history, culture, and scenic surroundings. The town's history stretches back more than 1300 years, making it one of the oldest in all of Scandinavia.

Ribe was founded around the year 700 AD, and its significance grew rapidly thanks to its location by the Ribe River, which served as an important trade route. Ribe became a center for both trade and religion, with the construction of Ribe Cathedral in the 12th century serving as a focal point for the spread of Christianity in Denmark.

Walking through Ribe's cobblestone streets, it's easy to feel the whispers of history. The town is characterized by well-preserved medieval buildings, including the charming Town Hall and many beautiful old houses. Ribe is not just a town in Denmark, but a living museum that testifies to the country's early history and development.

One of Ribe's most famous attractions is Ribe Cathedral, or Our Lady's Church, as it is also called. This impressive building is the oldest cathedral in Denmark and is known for its blend of Romanesque and Gothic architecture. From the cathedral tower, one can enjoy a magnificent view of the town and the surrounding landscape.

Ribe is also known for its proximity to the Wadden Sea, a UNESCO World Heritage site that is home to a wealth of wildlife and plant life. The Wadden Sea is a paradise for birdwatchers, and in spring and autumn, one can witness a breathtaking sight as thousands of migratory birds gather in the area. Ribe is also the gateway to the Wadden Sea National Park, Denmark's largest national park, offering unique nature experiences.

Ikke mindre bemærkelsesværdigt er Ribes VikingeCenter, en levende historisk park, hvor besøgende kan opleve, hvordan livet var i vikingetiden. Her kan man se håndværkere på arbejde, prøve kræfter med vikingetidens aktiviteter, og lære om vikingernes historie og kultur.

Ribe er en by, der fejrer sin fortid, mens den ser mod fremtiden. Byen kombinerer på smukkeste vis historiske seværdigheder med moderne bekvemmeligheder og en høj livskvalitet. Ribes indbyggere er stolte af deres bys arv og arbejder aktivt for at bevare og fremme dens unikke karakter.

At besøge Ribe er at træde ind i en anden tid, mens man nyder alt, hvad det 21. århundrede har at byde på. Fra dens historiske
bykerne til den betagende natur i Vadehavet, er Ribe en by, der beriger og inspirerer. Den giver besøgende en dyb forståelse for Danmarks historie og kultur og er et vidnesbyrd om, hvordan fortid og nutid kan forenes i harmoni.

Ribe er et symbol på Danmarks evne til at værdsætte og bevare sin historie. Byens lange historie og velbevarede arkitektur, dens rige kulturelle liv og nærheden til naturen gør den til et uundværligt stop for enhver, der ønsker at opleve den ægte danske ånd.

At besøge Ribe er ikke kun en tur i historien, det er også en oplevelse af den varme og gæstfrihed, der er så karakteristisk for det danske folk. Ribe byder alle velkommen med åbne arme og inviterer dig til at opleve den unikke blanding af historie, kultur og natur, der gør Danmark til noget helt særligt.

velbevarede - well-preserved   vidne - witness
betagende - breathtaking

Equally remarkable is Ribe Viking Center, a living history park where visitors can experience what life was like during the Viking Age. Here, one can see craftsmen at work, try their hand at Viking activities, and learn about the history and culture of the Vikings.

Ribe is a town that celebrates its past while looking towards the future. The town beautifully combines historical landmarks with modern conveniences and a high quality of life. Its inhabitants are proud of their town's heritage and actively work to preserve and promote its unique character.

Visiting Ribe is stepping into another time while enjoying all that the 21st century has to offer. From its historic city center to the breathtaking nature of the Wadden Sea, Ribe is a town that enriches and inspires. It provides visitors with a deep understanding of Denmark's history and culture and is a testament to how past and present can harmoniously coexist.

Ribe is a symbol of Denmark's ability to appreciate and preserve its history. Its long history and well-preserved architecture, its rich cultural life, and its proximity to nature make it an essential stop for anyone wishing to experience the true Danish spirit.

Visiting Ribe is not just a journey into history; it is also an experience of the warmth and hospitality that are so characteristic of the Danish people. Ribe welcomes everyone with open arms and invites you to experience the unique blend of history, culture, and nature that makes Denmark truly special.

dyre- og planteliv - wildlife and plant life
fuglekiggere - birdwatchers
vartegn - landmark
håndværkere - craftsmen

MÆRSK SHIPPING: EN GLOBAL SPILLER PÅ VERDENSHAVENE

Mærsk Line, en del af A.P. Møller-Mærsk Gruppen, er en af verdens største containerrederier og en vigtig aktør inden for den globale shippingindustri. Mærsk Shipping blev grundlagt i 1904 af Arnold Peter Møller og har siden da spillet en afgørende rolle i transporten af varer over hele verden.

Mærsk Line opererer en enorm flåde af containerskibe, der forbinder kontinenter og faciliteter global handel. Med deres omfattende netværk af ruter og havne dækker Mærsk-skibene mere end 343 havne i 121 lande. Dette gør det muligt for virksomheden at tilbyde effektive transportløsninger og pålidelig service til kunder over hele kloden.

Mærsk Shipping er kendt for sin banebrydende tilgang til shipping og innovation inden for branchen. Virksomheden har altid været i front, når det kommer til udvikling og brug af avanceret teknologi. Et eksempel er Mærsk Line's fokus på at reducere miljøpåvirkningen af skibsfarten. De har investeret i energieffektive skibe og arbejder kontinuerligt på at mindske emissionerne og forbedre bæredygtigheden.

En vigtig del af Mærsk Shipping's succes er deres evne til at tilpasse sig markedets skiftende behov og krav. Virksomheden tilbyder et bredt spektrum af transport- og logistikløsninger, herunder containertransport, landtransport, lager- og distributionshåndtering samt specialiserede løsninger til forskellige industrier og sektorer.

MÆRSK SHIPPING: A GLOBAL PLAYER ON THE WORLD'S OCEANS

Mærsk Line, part of the A.P. Moller-Maersk Group, is one of the world's largest container shipping companies and a key player in the global shipping industry. Mærsk Shipping was founded in 1904 by Arnold Peter Møller and has since played a crucial role in the transportation of goods worldwide.

Mærsk Line operates a massive fleet of container ships that connect continents and facilitate global trade. With their extensive network of routes and ports, Mærsk vessels cover over 343 ports in 121 countries. This enables the company to provide efficient transportation solutions and reliable service to customers across the globe.

Mærsk Shipping is known for its pioneering approach to shipping and innovation within the industry. The company has always been at the forefront when it comes to developing and utilizing advanced technology. One example is Mærsk Line's focus on reducing the environmental impact of shipping. They have invested in energy-efficient ships and continuously work to reduce emissions and improve sustainability.

An important part of Mærsk Shipping's success is their ability to adapt to the changing needs and demands of the market. The company offers a wide range of transportation and logistics solutions, including container transport, land transport, warehouse and distribution management, and specialized solutions for various industries and sectors.

Mærsk Shipping har også en betydelig indflydelse på den danske økonomi. Virksomheden skaber arbejdspladser og bidrager til den nationale eksport. Derudover spiller Mærsk Shipping en afgørende rolle i at sikre forsyningssikkerheden og understøtte den globale handel. Deres aktiviteter styrker Danmarks position som en vigtig spiller på verdensmarkedet.

Selvom Mærsk Shipping er en global spiller, har virksomheden også en tæt tilknytning til Danmark. Mærsk-familien har en lang historie og tætte bånd til landet. Virksomhedens hovedkvarter ligger i København, og de er involveret i en række danske samfundsinitiativer og velgørende projekter.

Mærsk Shipping's globale rækkevidde og indflydelse betyder, at virksomheden står over for mange udfordringer og muligheder. Den globale økonomi, politiske forhold og teknologiske fremskridt spiller alle en rolle i branchen. Mærsk Shipping's evne til at navigere og tilpasse sig disse faktorer vil fortsat være afgørende for deres succes.

Mærsk Shipping har skabt en stærk position som en global leder inden for shippingindustrien. Virksomhedens engagement i kvalitet, innovation og bæredygtighed har gjort dem til et ikonisk navn i branchen. Gennem deres fortsatte indsats for at levere pålidelige og effektive transportløsninger er Mærsk Shipping en vigtig partner for virksomheder over hele verden, der har behov for at transportere deres varer på tværs af verdenshavene.

Mærsk Shipping also has a significant impact on the Danish economy. The company creates jobs and contributes to national exports. Additionally, Mærsk Shipping plays a crucial role in ensuring supply chain security and supporting global trade. Their activities strengthen Denmark's position as a key player in the global market.

Although Mærsk Shipping is a global player, the company also maintains a close connection to Denmark. The Mærsk family has a long history and strong ties to the country. The company's headquarters are located in Copenhagen, and they are involved in various Danish community initiatives and charitable projects.

Mærsk Shipping's global reach and influence mean that the company faces many challenges and opportunities. The global economy, political factors, and technological advancements all play a role in the industry. Mærsk Shipping's ability to navigate and adapt to these factors will continue to be crucial to their success.

Mærsk Shipping has established a strong position as a global leader in the shipping industry. The company's commitment to quality, innovation, and sustainability has made them an iconic name in the industry. Through their continued efforts to deliver reliable and efficient transportation solutions, Mærsk Shipping is an important partner for businesses worldwide that need to transport their goods across the world's oceans.

Fragtskib - cargo ship
Søfart - shipping
Logistikløsninger - logistics solutions
Forsyningssikkerhed - supply chain security
Velgørende projekter - charitable projects
Teknologiske fremskridt - technological advancements
Verdenshavene - world's oceans

DANMARKS DEMOGRAFI

Demografien i Danmark er præget af en række karakteristika, der afspejler befolkningens størrelse, alderssammensætning, fordeling og diversitet. Danmark er et land med en relativt lille befolkning sammenlignet med andre europæiske nationer, men det har stadig en betydelig indvirkning på landets samfund og kultur.

Ifølge de seneste statistikker har Danmark en befolkning på omkring 5,8 millioner mennesker. Befolkningstallet har været stigende i de seneste år, primært som følge af indvandring. Danmarks befolkning består hovedsageligt af danskere, men der er også betydelige minoritetsgrupper i landet.

Alderssammensætningen i Danmark er kendetegnet ved en relativt høj gennemsnitsalder. Den ældre befolkning udgør en betydelig del af samfundet, hvilket stiller visse udfordringer, især inden for sundhedsvæsenet og ældreplejen. Samtidig er der en stadig stigende andel af ældre i befolkningen på grund af faldende fødselstal og længere forventet levetid.

Et interessant aspekt af Danmarks demografi er den regionale fordeling af befolkningen. Størstedelen af befolkningen er koncentreret omkring de større byområder som København, Aarhus og Odense. Dette fører til en koncentration af økonomisk aktivitet og infrastruktur i disse områder, mens nogle landområder oplever affolkning og mangel på ressourcer.

Danmark har også en betydelig indvandrerbefolkning, der udgør en vigtig del af landets demografi. Indvandrere og efterkommere af indvandrere udgør omkring 13% af befolkningen. De største indvandrergrupper kommer primært fra lande som Tyrkiet, Irak, Syrien og Tyskland.

THE DEMOGRAPHICS OF DENMARK

The demographics of Denmark are characterized by a range of features that reflect the population's size, age composition, distribution, and diversity. Denmark is a country with a relatively small population compared to other European nations, but it still has a significant impact on the country's society and culture.

According to recent statistics, Denmark has a population of around 5.8 million people. The population has been increasing in recent years, primarily due to immigration. Denmark's population consists mainly of Danes, but there are also significant minority groups in the country.

The age composition in Denmark is characterized by a relatively high average age. The elderly population constitutes a significant portion of society, posing certain challenges, particularly in healthcare and elderly care. At the same time, there is a growing proportion of elderly individuals in the population due to declining birth rates and longer life expectancy.

An interesting aspect of Denmark's demographics is the regional distribution of the population. The majority of the population is concentrated around major urban areas such as Copenhagen, Aarhus, and Odense. This leads to a concentration of economic activity and infrastructure in these areas, while some rural areas experience depopulation and lack of resources.

Denmark also has a significant immigrant population that forms an important part of the country's demographics. Immigrants and their descendants make up about 13% of the population. The largest immigrant groups primarily come from countries such as Turkey, Iraq, Syria, and

Denne diversitet afspejler sig i samfundet og beriger kulturen med forskellige sprog, traditioner og perspektiver.

Et andet vigtigt aspekt af Danmarks demografi er kønsfordelingen i befolkningen. Kvinder udgør en lidt større andel af befolkningen end mænd, hvilket er en tendens, der ses i mange vestlige lande. Der er også en stigende opmærksomhed på ligestilling mellem kønnene og tiltag for at fremme kvinders deltagelse på arbejdsmarkedet og i ledende stillinger.

Den danske demografi har betydning for mange aspekter af samfundet, herunder sundhedsvæsen, social velfærd, uddannelse og økonomisk udvikling. Der er en løbende bestræbelse på at sikre en bæredygtig og inkluderende fremtid for alle borgere, uanset alder, baggrund eller geografisk placering.

I betragtning af Danmarks relativt lille befolkning og de demografiske udfordringer, der følger af en aldrende befolkning, er der et behov for at tiltrække og fastholde arbejdskraft og sikre en dynamisk økonomi. Samtidig er der fokus på integration og inklusion af indvandrerbefolkningen for at skabe et mangfoldigt og harmonisk samfund.

Danmarks demografi er under konstant udvikling, og det er vigtigt at forstå og tilpasse sig de demografiske ændringer for at sikre en bæredygtig og vellykket fremtid for landet og dets befolkning. Gennem en helhedsorienteret tilgang og samarbejde kan Danmark fortsætte med at være et progressivt og velfungerende samfund, der værdsætter mangfoldighed og inklusion.

Alderssammensætning - Age composition
Befolkningsstørrelse - Population size
Ældrepleje - Elderly care

Germany. This diversity is reflected in society and enriches the culture with different languages, traditions, and perspectives.

Another important aspect of Denmark's demographics is the gender distribution in the population. Women constitute a slightly larger proportion of the population than men, which is a trend seen in many Western countries. There is also increasing attention to gender equality and initiatives to promote women's participation in the labor market and leadership positions.

The Danish demographics have implications for many aspects of society, including healthcare, social welfare, education, and economic development. There is an ongoing effort to ensure a sustainable and inclusive future for all citizens, regardless of age, background, or geographic location.

Given Denmark's relatively small population and the demographic challenges that come with an aging population, there is a need to attract and retain workforce and ensure a dynamic economy. At the same time, there is a focus on integration and inclusion of the immigrant population to create a diverse and harmonious society.

Denmark's demographics are constantly evolving, and it is important to understand and adapt to the demographic changes to ensure a sustainable and successful future for the country and its population. Through a holistic approach and collaboration, Denmark can continue to be a progressive and well-functioning society that values diversity and inclusion.

Regional fordeling - Regional distribution
Indvandrerbefolkning - Immigrant population

DET DANSKE KØKKEN

Dansk madkultur er præget af en række unikke og velsmagende retter, der afspejler landets traditioner, sæsonbestemte råvarer og kærligheden til madlavning. Den danske køkken er kendt for sin enkelhed, friskhed og fokus på kvalitetsingredienser.

En af de mest ikoniske danske retter er smørrebrød. Smørrebrød er åbne sandwiches, der består af en skive rugbrød dækket med forskellige slags pålæg. Traditionelle pålæg inkluderer fiskefilet, leverpostej, rejer, sild og roastbeef. Smørrebrød er ofte rigt dekoreret med grøntsager, krydderurter og saucer for at skabe en farverig og velsmagende oplevelse.

Fiske- og skaldyrsretter spiller også en vigtig rolle i dansk madkultur. Danmark er omgivet af hav, hvilket giver adgang til friske fiske- og skaldyrsprodukter. En populær fiskeret er stegt eller paneret rødspætte serveret med remoulade og kartofler. Stegt ål, sild og torskerogn er også traditionelle danske favoritter.

En anden kendt dansk ret er frikadeller, som er danske kødboller lavet af en blanding af svinekød og hakket kalvekød. Frikadeller serveres ofte med brun sovs, kartofler og rødkål. Karrysild, æbleflæsk (stegt flæsk med æblemos) og stegt flæsk med persillesovs er også klassiske danske retter, der nydes af mange.

Når det kommer til desserter, er Danmark kendt for sine kager og bagværk. Æbleskiver er små kugler af pandekagedej, der serveres med syltetøj og flormelis. Klassiske danske kager inkluderer lagkage, hindbærsnitte og wienerbrød. Risalamande, en risdessert med flødeskum og kirsebærsauce, er en traditionel juledessert.

DANISH CUISINE

Danish cuisine is characterized by a range of unique and flavorful dishes that reflect the country's traditions, seasonal ingredients, and love for cooking. Danish cuisine is known for its simplicity, freshness, and focus on quality ingredients.

One of the most iconic Danish dishes is smørrebrød. Smørrebrød are open-faced sandwiches consisting of a slice of rye bread topped with various toppings. Traditional toppings include fish fillet, liver pâté, shrimp, herring, and roast beef. Smørrebrød is often beautifully decorated with vegetables, herbs, and sauces to create a colorful and tasty experience.

Fish and seafood dishes also play an important role in Danish cuisine. Denmark is surrounded by the sea, providing access to fresh fish and seafood products. A popular fish dish is pan-fried or breaded plaice served with remoulade sauce and potatoes. Fried eel, herring, and cod roe are also traditional Danish favorites.

Another well-known Danish dish is frikadeller, which are Danish meatballs made from a mixture of pork and minced veal. Frikadeller are often served with brown gravy, potatoes, and red cabbage. Curry herring, apple bacon (fried pork with apple compote), and crispy pork with parsley sauce are also classic Danish dishes enjoyed by many.

When it comes to desserts, Denmark is known for its cakes and pastries. Æbleskiver are small balls of pancake batter served with jam and powdered sugar. Classic Danish cakes include layer cake, raspberry slices, and Danish pastries. Risalamande, a rice dessert with whipped cream and cherry sauce, is a traditional Christmas dessert.

Morgenmad er også vigtig i dansk madkultur. En typisk dansk morgenmad består af rugbrød med forskelligt pålæg som ost, marmelade eller leverpostej. Rugbrød er en vigtig del af dansk kost og er kendt for sin mørke farve og kraftige smag.

Når det kommer til drikkevarer, er Danmark kendt for sit øl og akvavit. Øl er en vigtig del af dansk kultur, og der findes mange lokale bryggerier rundt om i landet. Akvavit er en stærk spiritus, der ofte serveres som snaps til festlige lejligheder.

I de seneste år er den danske madscene blevet beriget med nye trends og internationale påvirkninger, hvilket har ført til en voksende mangfoldighed og nytænkning inden for dansk madlavning. Der er en stigende interesse for lokale, økologiske og bæredygtige råvarer samt innovative restauranter, der sætter deres eget præg på den danske madkultur.

Den danske madkultur er en blanding af tradition og nytænkning, der fejrer lokale råvarer og smagsoplevelser. Uanset om det er smørrebrød, fiskeretter, kager eller morgenmad, har dansk mad noget for enhver smag, og det er en vigtig del af den danske kulturarv og identitet.

Smørrebrød - open-faced sandwiches
Frikadeller - Danish meatballs
Remoulade - a sauce made from mayonnaise, pickles, and herbs
Rødkål - red cabbage
Æbleskiver - small pancake balls
Hindbærsnitter - raspberry slices -
Risalamande - a rice dessert with whipped cream and cherry sauce

Breakfast is also important in Danish cuisine. A typical Danish breakfast consists of rye bread with various toppings such as cheese, jam, or liver pâté. Rye bread is an integral part of the Danish diet and is known for its dark color and hearty flavor.

When it comes to beverages, Denmark is known for its beer and aquavit. Beer is an important part of Danish culture, and there are many local breweries throughout the country. Aquavit is a strong spirit often served as snaps on festive occasions.

In recent years, the Danish food scene has been enriched with new trends and international influences, leading to a growing diversity and innovation in Danish cooking. There is increasing interest in local, organic, and sustainable ingredients, as well as innovative restaurants that put their own twist on Danish cuisine.

Danish cuisine is a blend of tradition and innovation that celebrates local ingredients and flavors. Whether it's smørrebrød, fish dishes, cakes, or breakfast, Danish food has something for every taste and is an important part of Danish cultural heritage and identity.

Lagkage - layer cake
Wienerbrød - Danish pastries
Bryggeri - brewery
Økologisk - Organic
Nyskabende - innovative

SMØRREBRØD MED RØDSPÆTTE

Smørrebrød med rødspætte er en klassisk dansk ret, der kombinerer sprødt rugbrød med lækker paneret rødspættefilet. Det er en favorit blandt mange danskere og tilbyder en skøn kombination af smag, tekstur og farve.

For at lave smørrebrød med rødspætte har du brug for et par enkle ingredienser. Først og fremmest skal du have fire skiver rugbrød. Rugbrødet er hjertet i dette måltid og giver en solid base til de andre smagfulde elementer.

Dernæst skal du bruge fire skiver rødspættefilet. Rødspætte er en populær fisk i Danmark, kendt for sin delikate smag og møre kød. Det er vigtigt at sikre, at rødspættefileterne er friske og af høj kvalitet.

For at give smørrebrødet ekstra smag og tekstur, skal du bruge remoulade. Remoulade er en dansk klassiker lavet af mayonnaise, sennep, syltede agurker, kapers og krydderier. Det tilføjer en cremet og krydret smag til retten.

For at give retten en friskhed og syrlighed, skal du bruge skiver af citron. Citronsaften komplimenterer rødspættens smag og tilføjer en frisk dimension til smørrebrødet.

Som en sidste touch skal du pynte smørrebrødet med friske dildkviste. Dild er en populær urt i dansk madlavning og tilføjer en dejlig aroma og en smule sødme til retten.

Nu, når du har alle ingredienserne klar, kan du begynde at sammensætte smørrebrødet med rødspætte. Start med at riste rugbrødet, indtil det er sprødt og gyldent. Smør derefter hver skive rugbrød med et generøst lag smør.

Læg en skive rødspættefilet ovenpå det smurte rugbrød. Krydr fileten med salt og peber efter smag.

SMØRREBRØD WITH PLAICE

Smørrebrød with plaice is a classic Danish dish that combines crispy rye bread with delicious breaded plaice fillet. It is a favorite among many Danes and offers a delightful combination of flavors, textures, and colors.

To make smørrebrød with plaice, you will need a few simple ingredients. First and foremost, you will need four slices of rye bread. The rye bread is the heart of this meal and provides a sturdy base for the other flavorful elements.

Next, you will need four slices of plaice fillet. Plaice is a popular fish in Denmark, known for its delicate flavor and tender flesh. It is important to ensure that the plaice fillets are fresh and of high quality.

To add extra flavor and texture to the smørrebrød, you will need remoulade. Remoulade is a Danish classic made from mayonnaise, mustard, pickles, capers, and spices. It adds a creamy and tangy taste to the dish.

To give the dish a freshness and acidity, you will need slices of lemon. The lemon juice complements the flavor of the plaice and adds a refreshing dimension to the smørrebrød.

As a final touch, you will garnish the smørrebrød with fresh sprigs of dill. Dill is a popular herb in Danish cuisine and adds a lovely aroma and a touch of sweetness to the dish.

Now that you have all the ingredients ready, you can begin assembling the smørrebrød with plaice. Start by toasting the rye bread until it is crispy and golden. Then, spread a generous layer of butter on each slice of rye bread.

Place a slice of plaice fillet on top of the buttered rye bread. Season the fillet with salt and pepper to taste.

Placer en spiseskefuld remoulade på toppen af rødspættefileten og pynt med en skive citron og et par friske dildkviste.

Gentag processen for de resterende smørrebrød og sørg for at arrangere dem smukt på en tallerken.

Smørrebrød med rødspætte serveres bedst frisklavet. Det kan nydes som en let frokost eller som en del af en traditionel dansk frokosttallerken.

Denne ret kombinerer forskellige smagsoplevelser - den sprøde rugbrød, den saftige rødspætte, den cremede remoulade og den friske citron. Hver bid er en lækker mundfuld af dansk gastronomi.

Smørrebrød med rødspætte er en hyldest til danske smagsoplevelser og traditioner. Det er en skøn måde at nyde det bedste af dansk madlavning og sætte pris på de naturlige råvarer, der er tilgængelige i Danmark.

Så næste gang du er i humør til en dansk smagsoplevelse, skal du prøve at lave smørrebrød med rødspætte. Det er en klassiker, der aldrig skuffer, og som vil bringe smagen af Danmark direkte til dit køkken.

Her er instruktionerne til at lave Smørrebrød med rødspætte:

Ingredienser:
- 4 skiver rugbrød
- 4 skiver rødspættefilet
- 4 spsk remoulade
- 4 skiver citron
- Friske dildkviste
- Smør til smøring af rugbrødet
- Salt og peber efter smag

Place a spoonful of remoulade on top of the plaice fillet and garnish with a slice of lemon and a few fresh sprigs of dill.

Repeat the process for the remaining smørrebrød, making sure to arrange them beautifully on a plate.

Smørrebrød with plaice is best enjoyed freshly made. It can be enjoyed as a light lunch or as part of a traditional Danish lunch platter.

This dish combines different flavor experiences - the crispy rye bread, the juicy plaice, the creamy remoulade, and the fresh lemon. Each bite is a delicious mouthful of Danish gastronomy.

Smørrebrød with plaice is a tribute to Danish flavors and traditions. It is a delightful way to enjoy the best of Danish cuisine and appreciate the natural ingredients available in Denmark.

So, the next time you're in the mood for a Danish culinary experience, try making smørrebrød with plaice. It is a classic that never disappoints and will bring the taste of Denmark directly to your kitchen.

Here are the instructions for making Open-faced Sandwiches with Plaice:

Ingredients:
- 4 slices of rye bread
- 4 slices of plaice fillet
- 4 tbsp remoulade
- 4 slices of lemon
- Fresh sprigs of dill
- Butter for spreading on the rye bread
- Salt and pepper to taste

Fremgangsmåde:
1. Rist rugbrødet, indtil det er sprødt.
2. Smør en generøs mængde smør på hver skive rugbrød.
3. Læg en skive rødspættefilet på hver skive smurt rugbrød.
4. Krydr rødspættefileterne med lidt salt og peber efter smag.
5. Placer en spiseskefuld remoulade på toppen af hver rødspættefilet.
6. Pynt med en skive citron og et par friske dildkviste på hver smørrebrød.
7. Gentag processen for de resterende smørrebrød.
8. Server smørrebrødene med det samme og nyd dem som en lækker frokost eller let aftensmad.

God appetit!

Instructions:
1. Toast the rye bread until crispy.
2. Spread a generous amount of butter on each slice of rye bread.
3. Place a slice of plaice fillet on each buttered slice of rye bread.
4. Season the plaice fillets with a pinch of salt and pepper to taste.
5. Place a tablespoon of remoulade on top of each plaice fillet.
6. Garnish with a slice of lemon and a few fresh sprigs of dill on each open-faced sandwich.
7. Repeat the process for the remaining open-faced sandwiches.
8. Serve the sandwiches immediately and enjoy them as a delicious lunch or light dinner.

Rødspætte - Plaice (type of fish)
Rugbrød - Rye bread
Ristet - Toasted
Paneret - Breaded
Anret - Arrange
Friskhakket - Freshly chopped
Dildkviste - Sprigs of dill
Smøres - Spread
Tilberedning - Preparation

BORGEN

Borgen er en dansk tv-serie, der blev sendt fra 2010 til 2013. Serien er skrevet af Adam Price og er blevet rost for sin realistiske og fængslende skildring af dansk politik. Borgen blev hurtigt populær både i Danmark og internationalt og modtog flere priser og anerkendelser.

Handlingen i Borgen centrerer sig omkring Birgitte Nyborg, der spilles af Sidse Babett Knudsen, og hendes rejse som Danmarks første kvindelige statsminister. Serien udforsker de politiske intriger, magtkampe og personlige ofre, der følger med i at lede et land og jonglere med politiske alliancer.

En af de mest markante træk ved Borgen er dens troværdige og nuancerede karakterer. Serien viser, hvordan politik påvirker mennesker både personligt og professionelt. Karaktererne er komplekse og dybtgående, og skuespillet er fremragende, hvilket giver seerne en dybere forståelse af politikernes liv og dilemmaer.

En anden bemærkelsesværdig aspekt ved Borgen er dens fokus på samfundsspørgsmål og politiske temaer. Serien berører emner som kønsroller, medier, korruption og international politik. Den udforsker også spændingen mellem idealisme og realpolitik og stiller vigtige spørgsmål om demokratiets funktion og udfordringer.

Borgen er også kendt for sin høje produktionsetik og kvalitet. Seriens produktion, manuskripter og skuespil er alle i topklasse, hvilket bidrager til dens autenticitet og troværdighed. Den er smukt fotograferet og har en gennemtænkt lydside, der hjælper med at skabe den rigtige stemning og atmosfære.

BORGEN

Borgen is a Danish TV series that aired from 2010 to 2013. The series, written by Adam Price, has been praised for its realistic and captivating portrayal of Danish politics. Borgen quickly gained popularity both in Denmark and internationally, receiving several awards and accolades.

The plot of Borgen revolves around Birgitte Nyborg, portrayed by Sidse Babett Knudsen, and her journey as Denmark's first female prime minister. The series explores the political intrigues, power struggles, and personal sacrifices that come with leading a country and juggling political alliances.

One of the most notable features of Borgen is its credible and nuanced characters. The series depicts how politics affects people both personally and professionally. The characters are complex and deeply layered, and the performances are excellent, providing viewers with a deeper understanding of the lives and dilemmas of politicians.

Another noteworthy aspect of Borgen is its focus on social issues and political themes. The series tackles topics such as gender roles, media, corruption, and international politics. It also explores the tension between idealism and realpolitik, raising important questions about the functioning and challenges of democracy.

Borgen is also known for its high production values and quality. The series' production, scripts, and acting are all top-notch, contributing to its authenticity and credibility. It is beautifully shot and has thoughtful sound design that helps create the right mood and atmosphere.

Serien har ikke kun haft en indflydelse på tv-landskabet i Danmark, men har også haft en bredere indvirkning på den politiske diskurs og bevidsthed. Borgen har inspireret mange mennesker til at interessere sig for politik og deltage aktivt i samfundet. Den har også sat fokus på vigtigheden af kvinders repræsentation i politik og har bidraget til en bredere samtale om ligestilling og kønsbalance.

Borgen er blevet rost for sin intelligente og nuancerede skildring af politik og samfund. Den har formået at skabe en spændende og engagerende tv-serie, der både underholder og udfordrer seerne. Gennem sine tre sæsoner formår Borgen at fange publikums opmærksomhed og efterlade et varigt indtryk.

Alt i alt har Borgen efterladt et markant aftryk på den danske tv-historie og har sat nye standarder for politisk drama. Serien har bevist, at politik kan være spændende og relevant for et bredt publikum. Borgen vil fortsætte med at være en vigtig del af dansk tv-kultur og forblive en kilde til refleksion og diskussion om politik og samfund.

The series has not only had an impact on the television landscape in Denmark but has also had a broader influence on political discourse and awareness. Borgen has inspired many people to take an interest in politics and actively participate in society. It has also highlighted the importance of women's representation in politics and contributed to a wider conversation about equality and gender balance.

Borgen has been praised for its intelligent and nuanced portrayal of politics and society. It has managed to create an exciting and engaging TV series that both entertains and challenges viewers. Throughout its three seasons, Borgen captivates the audience's attention and leaves a lasting impression.

Overall, Borgen has made a significant mark on Danish TV history and has set new standards for political drama. The series has proven that politics can be exciting and relevant to a wide audience. Borgen will continue to be an important part of Danish TV culture and remain a source of reflection and discussion about politics and society.

Fængslende - Captivating
Anerkendelser - Recognitions
Jonglere - Juggle
Gennemtænkt - Well-thought-out
Bevidsthed - Awareness
Opfange - Capture
Indtryk - Impression

ODDERE

Oddere er fascinerende skabninger, der bebor både vand og land. Disse smidige og legende dyr tiltrækker opmærksomhed med deres charmerende udseende og interessante adfærd. Ottere er kendt for deres vandfærdigheder og dygtighed som jægere.

Oddere tilhører familien Mustelidae, der også inkluderer mink, grævlinge og jærv. Der er flere arter af oddere, herunder søotter, flodotter og havotter. De er udbredt over hele verden og findes i forskellige habitater som søer, floder, kystområder og vådområder.

Disse elegante dyr har en langstrakt krop med en slank hale og korte ben. Deres pels er tyk og vandafvisende, hvilket holder dem varme og tørre, når de er i vandet. Ottere har også webbede poter, der gør dem dygtige svømmere.

En af de mest bemærkelsesværdige egenskaber ved oddere er deres evne til at fange og spise fødevarer i vandet. De jager fisk, krebsdyr, muslinger og andre vandlevende dyr. Ottere bruger deres følsomme poter til at fange byttet, og de kan også dykke dybt under vandet for at fange fisk.

Udover deres fremragende jagtevner er oddere også kendt for deres sociale adfærd. De lever ofte i familiegrupper, hvor de plejer hinanden og styrker båndene mellem medlemmerne. Spilletid er også vigtig for oddere, og de kan ses lege og glide ned ad skrånende flodbredder eller snebakker.

OTTERS

Otters are fascinating creatures that inhabit both water and land. These agile and playful animals captivate attention with their charming appearance and interesting behavior. Otters are known for their water skills and prowess as hunters.

Otters belong to the family Mustelidae, which also includes minks, badgers, and wolverines. There are several species of otters, including sea otters, river otters, and marine otters. They are widespread across the world and can be found in various habitats such as lakes, rivers, coastal areas, and wetlands.

These graceful animals have elongated bodies with a slender tail and short legs. Their fur is thick and water-repellent, keeping them warm and dry when in the water. Otters also have webbed paws, which make them adept swimmers.

One of the most remarkable features of otters is their ability to catch and consume food in the water. They hunt for fish, crustaceans, mollusks, and other aquatic creatures. Otters use their sensitive paws to capture prey, and they can also dive deep underwater to catch fish.

In addition to their excellent hunting skills, otters are also known for their social behavior. They often live in family groups where they groom each other and strengthen bonds among members. Playtime is also important for otters, and they can be seen playing and sliding down sloping riverbanks or snow slopes.

Oddere er også dygtige til at kommunikere med hinanden. De udstøder forskellige lyde som pip, skrig og gøen for at kommunikere med deres artsfæller. Disse lyde spiller en vigtig rolle i at markere territorier og advare mod fare.

Desværre står oddere over for forskellige trusler i dagens verden. Tab af levesteder, forurening af vandmiljøet og ulovlig jagt har reduceret bestanden af nogle otterarter. Derfor er der en øget indsats for at bevare og beskytte disse dyrebare skabninger.

Bevarelse af oddere omfatter beskyttelse af deres naturlige levesteder, genoprettelse af bestande og overvågning af trusler. Det er også vigtigt at opmuntre til bæredygtig brug af vandressourcer og reducere forurening for at sikre en sund levevilkår for oddere og andre vandlevende arter.

Oddere er en vigtig del af økosystemet og spiller en rolle i at opretholde balancen i vandmiljøer. Deres tilstedeværelse er en indikator for et sundt økosystem. Derfor er det vigtigt at beskytte og respektere disse vidunderlige skabninger og deres levesteder.

Når man observerer oddere i naturen, kan man ikke undgå at blive fascineret af deres elegance og legende opførsel. Deres tilstedeværelse er en påmindelse om den mangfoldighed og skønhed, der findes i naturen. Lad os fortsætte med at værdsætte og bevare disse fantastiske dyr, så de kan trives i mange generationer fremover.

Afsmitning - Grooming
Kystområder - Coastal areas
Vådområder - Wetlands
Vandafvisende - Water-repellent
Svømmefødder - Webbed paws
Kælkede - Slid

Otters are also skilled at communicating with each other. They emit various sounds such as chirps, screams, and barks to communicate with their fellow otters. These sounds play an important role in marking territories and warning of danger.

Unfortunately, otters face various threats in today's world. Habitat loss, water pollution, and illegal hunting have reduced the populations of some otter species. Therefore, there is an increased effort to conserve and protect these precious creatures.

Otter conservation involves protecting their natural habitats, restoring populations, and monitoring threats. It is also important to encourage sustainable use of water resources and reduce pollution to ensure a healthy living environment for otters and other aquatic species.

Otters are an important part of the ecosystem and play a role in maintaining balance in water environments. Their presence serves as an indicator of a healthy ecosystem. Therefore, it is important to protect and respect these wonderful creatures and their habitats.

When observing otters in nature, one cannot help but be fascinated by their elegance and playful behavior. Their presence is a reminder of the diversity and beauty that exists in nature. Let us continue to appreciate and conserve these amazing animals so that they can thrive for many generations to come.

Trusler - Threats
Levesteder - Habitats
Ulovlige - Illegal
Bevarelse - Conservation
Overvågning - Monitoring
Forurening - Pollution

GRISE OG SVINEPRODUKTION

Grise og svineproduktion spiller en vigtig rolle i Danmarks landbrugssektor. Danmark er kendt for sin store svineproduktion og eksport af svinekød. I dette afsnit vil vi udforske grise og svinebrug i Danmark.

Grise, også kendt som svin, er intelligente og sociale dyr. De er en del af familien Suidae og er tæt forbundet med vildsvin. I Danmark findes der forskellige griseracer, herunder Dansk Landrace, Yorkshire og Hampshire. Disse racer er udvalgt for deres egenskaber som kødproducenter.

Svinebrug i Danmark er omfattende, og landet har en af de højeste grisetætheder i verden. Svineholdet er opdelt i forskellige produktionsstadier, herunder sohold, smågriseproduktion og slagtesvineproduktion. Der er både traditionelle stalde og mere moderne intensive produktionsanlæg.

Svineproduktionen er omhyggeligt overvåget og reguleret i Danmark. Der er fokus på dyrevelfærd, fødevaresikkerhed og miljømæssig bæredygtighed. Danske svineproducenter er underlagt strenge standarder og retningslinjer for at sikre høj kvalitet og sporbarhed i produktionen.

Dyrevelfærd er en vigtig faktor i dansk svineproduktion. Grise skal have adgang til frisk vand, passende fodring og plads til at bevæge sig frit. Der er også fokus på at minimere stress og sikre, at grise er sunde og trives.

Miljøhensyn spiller også en central rolle i dansk svineproduktion. Landbrugsgødning håndteres omhyggeligt for at minimere påvirkningen på miljøet. Der er fokus på at reducere ammoniakemissioner og beskytte vandressourcerne.

PIGS AND PIG FARMING IN DENMARK

Pig farming is an important sector in Denmark, with a long history and significant economic impact. The country is known for its high standards of pig production, focusing on animal welfare, sustainability, and quality.

Denmark has a well-established pig industry that encompasses various production stages. It starts with piglet production, where young piglets are bred and raised in specialized facilities. These piglets are then transferred to intensive production facilities for further growth and fattening.

Environmental sustainability is a key aspect of pig farming in Denmark. Efforts are made to reduce the environmental impact of pig production, particularly in terms of ammonia emissions and resource consumption. Various measures are implemented to minimize these impacts, such as improved manure management and the use of innovative technologies.

Animal welfare is a top priority in Danish pig farming. Strict regulations and guidelines are in place to ensure that pigs are kept in appropriate conditions with access to clean water, proper nutrition, and sufficient space to move and express natural behaviors. Continuous efforts are made to improve housing systems and provide optimal conditions for pig welfare.

In terms of feeding, Danish pig farmers focus on providing a balanced diet that meets the nutritional needs of pigs at different stages of growth. This includes a combination of grains, protein sources, and other feed ingredients to promote healthy growth and development.

Danmark er også kendt for sin bæredygtige tilgang til svineproduktion. Der er fokus på at optimere foderudnyttelsen og reducere ressourceforbruget. Svinegødning bruges ofte som gødning i landbruget, hvilket bidrager til en cirkulær økonomi.

Svinekød er en vigtig del af dansk gastronomi og eksportindustri. Danmark er en betydelig eksportør af svinekød og har et godt omdømme for høj kvalitet og fødevaresikkerhed. Dansk bacon, pølser og skinke er populære produkter både nationalt og internationalt.

Selvom dansk svineproduktion har mange positive aspekter, er der også bekymringer og udfordringer. Nogle mennesker er kritiske over for intensive produktionsmetoder og effekten på dyrevelfærd. Der er også bekymringer om miljøpåvirkning og sundhedsaspekter ved forbruget af svinekød.

Der er løbende bestræbelser på at forbedre svineproduktionen i Danmark. Forskning og innovation spiller en vigtig rolle i at finde løsninger på udfordringer og opnå en mere bæredygtig og ansvarlig praksis.

Samlet set spiller grise og svinebrug en væsentlig rolle i dansk landbrug og økonomi. Den danske tilgang til svineproduktion er præget af fokus på dyrevelfærd, kvalitet og bæredygtighed. Svinesektoren fortsætter med at udvikle sig for at imødekomme forbrugernes krav og forventninger.

Denmark also places importance on the gastronomic aspects of pig farming. The country is known for its high-quality pork products, which are highly valued in the culinary world. Danish pork has a reputation for its tenderness, flavor, and overall quality, making it sought after both domestically and internationally.

Research and innovation play a significant role in the Danish pig industry. Ongoing research is conducted to improve production methods, enhance animal health and welfare, and develop sustainable practices. Innovation in pig farming technologies and practices helps to ensure that Danish pig farmers remain at the forefront of the industry.

Overall, pig farming in Denmark is characterized by a strong focus on animal welfare, sustainability, and quality. The industry follows strict regulations and guidelines to ensure the well-being of pigs, protect the environment, and produce high-quality pork products. Danish pig farmers take pride in their practices and continuously strive for improvements in all aspects of pig production.

In conclusion, pigs and pig farming hold great importance in Denmark. The country's commitment to animal welfare, sustainability, and quality has contributed to its reputation as a leader in the pig industry. Danish pig farmers continue to uphold high standards and work towards a more sustainable and efficient future for pig farming.

Smågriseproduktion - Piglet production
Intensive produktionsanlæg - Intensive production facilities
Miljømæssig bæredygtighed - Environmental sustainability
Dyrevelfærd - Animal welfare
Fodring - Feeding
Omdømme - Reputation
Krav - Requirements
Forventninger - Expectations

STORE DANSKE HUNDE

Store Danske Hunde er en af de mest imponerende hunderacer, der findes. Med deres enorme størrelse og elegante udseende har de tiltrukket opmærksomhed og beundring i mange år. Disse majestætiske hunde er kendt for deres imponerende højde, styrke og venlige temperament.

Store Danske Hunde er en af de største hunderacer i verden. Hannenhunde kan veje op til 80-90 kilo og stå over én meter høj ved skuldrene. Trods deres imponerende størrelse er de kendt for deres milde og kærlige natur. De er typisk rolige og venlige over for både mennesker og andre dyr.

Den store danske hunds udseende er også bemærkelsesværdigt. De har en muskuløs og velproportioneret krop, der udstråler styrke og elegance. Deres hoveder er store og kantede med en karakteristisk bred pande. Øjnene er mørke og udtryksfulde, og ørerne er normalt foldet ned.

En anden karakteristika ved Store Danske Hunde er deres korte, tætte og skinnende pels. Farverne kan variere og omfatter sort, blå, fawn, harlekin og merle. Deres pels kræver ikke meget pleje, men regelmæssig børstning er nødvendig for at holde den ren og fri for knuder.

Som følge af deres størrelse kræver Store Danske Hunde god træning og socialisering fra en tidlig alder. De er intelligente og lærenemme, men kan være lidt klodsede på grund af deres størrelse. Det er vigtigt at lære dem god opførsel og grundlæggende lydighed for at sikre, at de er velafbalancerede og velfungerende familiemedlemmer.

GREAT DANES

Great Danes are one of the most impressive dog breeds out there. With their enormous size and elegant appearance, they have attracted attention and admiration for many years. These majestic dogs are known for their impressive height, strength, and friendly temperament.

Great Danes are one of the largest dog breeds in the world. Male dogs can weigh up to 80-90 kilograms and stand over one meter tall at the shoulders. Despite their impressive size, they are known for their gentle and loving nature. They are typically calm and friendly towards both humans and other animals.

The appearance of the Great Dane is also remarkable. They have a muscular and well-proportioned body that exudes strength and elegance. Their heads are large and square with a characteristic broad forehead. The eyes are dark and expressive, and the ears are usually folded down.

Another characteristic of Great Danes is their short, dense, and shiny coat. The colors can vary and include black, blue, fawn, harlequin, and merle. Their coat does not require much grooming, but regular brushing is necessary to keep it clean and free of knots.

Due to their size, Great Danes require proper training and socialization from an early age. They are intelligent and quick to learn, but they can be a bit clumsy due to their size. It is important to teach them good behavior and basic obedience to ensure they are well-balanced and functioning members of the family.

Store Danske Hunde er generelt gode familiehunde og er kendt for at være venlige og tålmodige over for børn. De har en naturlig beskytterinstinkt og vil gerne være tæt på deres familie. De kan være lidt reserverede over for fremmede, men er normalt ikke aggressive, medmindre de føler, at deres familie er truet.

Selvom Store Danske Hunde er store og imponerende, er de faktisk bløde og elskelige hunde. De nyder at tilbringe tid sammen med deres familie og vil gerne være en del af alle aktiviteter. De har brug for regelmæssig motion, men er ikke en hyperaktiv race og vil generelt være tilfredse med moderate aktivitetsniveauer.

Det er også vigtigt at nævne, at Store Danske Hunde har en relativt kort levetid i forhold til mindre racer. De har en gennemsnitlig levetid på omkring 7-10 år. Sundhedspleje og regelmæssige veterinærbesøg er afgørende for at sikre deres trivsel og livskvalitet.

Alt i alt er Store Danske Hunde imponerende og elskelige væsner. Deres størrelse og udseende tiltrækker opmærksomhed, men deres venlige og rolige natur gør dem til fantastiske familiehunde. Med den rette træning, pleje og kærlighed kan Store Danske Hunde være trofaste og hengivne ledsagere, der beriger enhver familie.

Great Danes are generally good family dogs and are known for being friendly and patient with children. They have a natural protective instinct and enjoy being close to their family. They can be somewhat reserved with strangers but are typically not aggressive unless they feel their family is threatened.

Although Great Danes are large and impressive, they are actually gentle and affectionate dogs. They enjoy spending time with their family and want to be a part of all activities. They require regular exercise but are not a hyperactive breed and generally content with moderate activity levels.

It is also important to mention that Great Danes have a relatively short lifespan compared to smaller breeds. They have an average lifespan of around 7-10 years. Health care and regular veterinary visits are crucial to ensure their well-being and quality of life.

All in all, Great Danes are impressive and lovable creatures. Their size and appearance attract attention, but their friendly and calm nature make them fantastic family dogs. With the right training, care, and love, Great Danes can be loyal and devoted companions that enrich any family.

Imponerende - impressive
Hunderacer - dog breeds
Udtryksfulde - expressive
Klodsede - clumsy
Opførsel - behavior
Lydighed - obedience
Beskytterinstinkt - protective instinct
Truet - threatened
Veterinærbesøg - veterinary visits
Trivsel - well-being
Trofaste - faithful
Hengivne - devoted

DEN STUMME SVANE

Den stumme svane, også kendt som "Cygnus olor" på dansk, er en majestætisk fugl, der er kendt for sin elegante fremtoning og yndefulde bevægelser. Med dens lange hals, smukke hvide fjerdragt og imponerende størrelse, er den en af naturens mest imponerende skabninger.

Den stumme svane er en fugl, der kan findes i mange dele af verden, herunder i Danmark. Den er kendt for sin graciøse svømmeteknik og for sin evne til at glide elegant henover vandet. Med sine store vingeslag og karakteristiske kro-formation, er den let genkendelig og er blevet et symbol på skønhed og elegance.

Det bemærkelsesværdige ved den stumme svane er dens evne til at danne parforhold for livet. Når et par er dannet, forbliver de sammen i mange år og deler en tæt og loyal forbindelse. De svømmer og fodrer sammen, og begge forældre deltager i plejen af deres afkom.

Den stumme svane er også kendt for sin beskyttende adfærd over for sine unger. Hvis en trussel nærmer sig, vil svanen gøre alt for at beskytte sine afkom og kan være meget aggressiv i sin opførsel. Dette viser den stumme svanes hengivenhed og beskyttende natur.

I Danmark kan man ofte se stumme svaner svømme på søer, åer og vandhuller. De kan også ses på kystområder og andre vådområder. Deres majestætiske tilstedeværelse og elegante bevægelser tiltrækker opmærksomhed og beundring fra både lokale og turister.

THE MUTE SWAN

The mute swan, also known as "Cygnus olor" in Danish, is a majestic bird known for its elegant appearance and graceful movements. With its long neck, beautiful white plumage, and impressive size, it is one of nature's most impressive creatures.

The mute swan is a bird that can be found in many parts of the world, including Denmark. It is known for its graceful swimming technique and its ability to glide smoothly across the water. With its large wingbeats and distinctive curved neck formation, it is easily recognizable and has become a symbol of beauty and elegance.

The remarkable thing about the mute swan is its ability to form lifelong pair bonds. Once a pair is formed, they stay together for many years, sharing a close and loyal connection. They swim and feed together, and both parents participate in the care of their offspring.

The mute swan is also known for its protective behavior towards its young. If a threat approaches, the swan will do everything in its power to protect its offspring and can be very aggressive in its behavior. This demonstrates the mute swan's devotion and protective nature.

In Denmark, mute swans can often be seen swimming in lakes, rivers, and ponds. They can also be found in coastal areas and other wetlands. Their majestic presence and graceful movements attract attention and admiration from both locals and tourists.

Den stumme svane har også været et symbol på skønhed
og ynde i kunst og litteratur. Den har inspireret kunstnere og
forfattere med sin naturlige elegance og grace. Fra ballet til
digte er den stumme svane blevet et ikonisk motiv, der
repræsenterer det sublime og det æstetiske.

Samtidig er det vigtigt at bemærke, at den stumme svane
også kan være aggressiv og territorial, især når den
beskytter sit territorium eller sine unger. Det er vigtigt at
holde afstand og respektere deres naturlige adfærd, når
man observerer dem i deres naturlige habitat.

Alt i alt er den stumme svane en bemærkelsesværdig fugl
med sin yndefulde fremtoning og beskyttende natur. Den
har fascineret mennesker i mange århundreder og
fortsætter med at være en kilde til beundring og inspiration.
At observere den stumme svane i sit naturlige miljø er en
oplevelse, der kan forbinde os med naturens skønhed og
undren.

The mute swan has also been a symbol of beauty and grace in art and literature. It has inspired artists and writers with its natural elegance and grace. From ballet to poems, the mute swan has become an iconic motif representing the sublime and the aesthetic.

At the same time, it is important to note that the mute swan can also be aggressive and territorial, especially when protecting its territory or offspring. It is important to keep a distance and respect their natural behavior when observing them in their natural habitat.

Overall, the mute swan is a remarkable bird with its graceful appearance and protective nature. It has fascinated humans for centuries and continues to be a source of admiration and inspiration. Observing the mute swan in its natural environment is an experience that can connect us with the beauty and wonder of nature.

Drivende - Drifting
Reden - Nest
Kåde - Cheerful
Hekkende - Breeding
Afkom - Offspring
Dydig - Virtuous
Adfærd - Behavior
Våger - Hawks
Indlevelse - Empathy
Beskyttende - Protective
Iagttagelse - Observation
Vidunder - Wonder

EN SAMTALE OM VEJRET

Person A: Hej! Hvor dejligt at se dig. Hvordan har du det?

Person B: Hej! Tak, det er godt. Hvad med dig?

Person A: Jeg har det også fint. Det er virkelig dejligt vejr i dag, synes du ikke?

Person B: Absolut! Solen skinner, og himlen er helt klar. Det er virkelig forårsstemning.

Person A: Ja, det er skønt at se solen igen efter den lange vinter. Og temperaturen begynder også at stige.

Person B: Ja, det er fantastisk. Jeg har savnet varmen og lyset. Det ser ud til, at vinteren endelig er forbi.

Person A: Helt enig. Jeg tror, vi kan begynde at pakke vinterjakkerne væk og tage de lettere forårsjakker frem.

Person B: Ja, det er på tide at opdatere garderoben med noget mere passende til det varmere vejr.

Person A: Hvad kan du godt lide at lave, når vejret er så godt som i dag?

Person B: Jeg elsker at være udenfor, når solen skinner. Jeg nyder at gå ture i parken eller sidde på en café og drikke min kaffe udenfor.

Person A: Det lyder virkelig hyggeligt. Jeg kan også godt lide at tilbringe tid udendørs. Det er en fantastisk måde at nyde solskinnet og naturen på.

A CONVERSATION ABOUT THE WEATHER

Person A: Hi! So nice to see you. How are you doing?

Person B: Hi! Thanks, I'm doing well. How about you?

Person A: I'm also fine. The weather is really nice today, don't you think?

Person B: Absolutely! The sun is shining, and the sky is completely clear. It really feels like spring.

Person A: Yes, it's lovely to see the sun again after the long winter. And the temperature is starting to rise too.

Person B: Yes, it's fantastic. I've missed the warmth and the light. It seems like winter is finally over.

Person A: Completely agree. I think we can start putting away our winter jackets and bring out the lighter spring jackets.

Person B: Yes, it's time to update our wardrobe with something more suitable for the warmer weather.

Person A: What do you like to do when the weather is as nice as today?

Person B: I love being outside when the sun is shining. I enjoy taking walks in the park or sitting at a café and having my coffee outside.

Person A: That sounds really cozy. I also like spending time outdoors. It's a great way to enjoy the sunshine and nature.

Person B: Ja, det er det. Og når vejret er godt, er der mange udendørsaktiviteter, man kan deltage i. Som at tage på cykelture, spille bold med vennerne eller endda have en picnic.

Person A: Ja, det er sandt. Der er så mange muligheder for at være aktiv og nyde det gode vejr. Det er virkelig en fordel ved det danske klima.

Person B: Absolut. Selvom vi har nogle kolde vintre, er det fantastisk at se, hvordan naturen vågner til live igen, når foråret kommer.

Person A: Ja, det er virkelig betagende at se, hvordan træerne begynder at blomstre, og blomsterne titter frem overalt.

Person B: Jeg er enig. Foråret er virkelig en smuk tid på året. Det giver håb og energi efter den lange vinter.

Person A: Det gør det helt sikkert. Og vi kan se frem til endnu bedre vejr i de kommende måneder, når sommeren nærmer sig.

Person B: Ja, det ser jeg virkelig frem til. Sommeren er min favoritårstid. Det er så dejligt at kunne tilbringe tid ved stranden og nyde det varme vejr.

Person A: Det er det bestemt. Jeg kan næsten ikke vente med at komme ud og nyde sommeren. Men indtil da vil jeg virkelig nyde foråret og alt det skønne vejr, det bringer med sig.

Person B: Det er en fantastisk indstilling. Lad os virkelig få mest muligt ud af det gode vejr og nyde hver dag, solen skinner.

Person B: Yes, it is. And when the weather is good, there are many outdoor activities to participate in. Like going for bike rides, playing ball with friends, or even having a picnic.

Person A: Yes, that's true. There are so many options for being active and enjoying the good weather. It's really an advantage of the Danish climate.

Person B: Absolutely. Even though we have some cold winters, it's amazing to see how nature comes back to life when spring arrives.

Person A: Yes, it's truly breathtaking to see how the trees start to bloom, and flowers emerge everywhere.

Person B: I agree. Spring is truly a beautiful time of year. It brings hope and energy after the long winter.

Person A: It definitely does. And we can look forward to even better weather in the coming months as summer approaches.

Person B: Yes, I'm really looking forward to that. Summer is my favorite season. It's so nice to be able to spend time at the beach and enjoy the warm weather.

Person A: It certainly is. I can hardly wait to get out and enjoy the summer. But until then, I will really enjoy spring and all the lovely weather it brings.

Person B: That's a fantastic attitude. Let's really make the most of the good weather and enjoy each day the sun is shining.

Person A: Helt enig! Lad os komme udenfor og få det bedste ud af denne skønne dag.

Person B: Lad os gøre det! God fornøjelse med resten af dagen, og vi ses snart igen.

Person A: Tak i lige måde! Vi ses snart. Pas på dig selv og nyd solskinnet. Farvel!

Person B: Farvel! Pas på dig selv også. Vi ses snart. Farvel!

Person A: Absolutely! Let's get outside and make the most of this beautiful day.

Person B: Let's do it! Enjoy the rest of the day, and see you soon.

Person A: Thank you, same to you! See you soon. Take care and enjoy the sunshine. Goodbye!

Person B: Goodbye! Take care as well. See you soon. Goodbye!

Forårsstemning - spring atmosphere
Opdatere - update
Vække til live - come back to life
Nyde solskinnet - enjoy the sunshine
Helt sikkert - definitely
Skønne - lovely
Få mest muligt ud af - make the most of

AT BESTILLE MAD PÅ EN RESTAURANT

Person A: Hej! Hvordan har du det i dag?

Person B: Hej! Jeg har det godt, tak. Hvad med dig?

Person A: Jeg har det også fint, tak. Jeg har virkelig lyst til at spise ude i dag. Har du lyst til at slutte dig til mig på en restaurant?

Person B: Det lyder som en god idé! Hvad slags mad har du lyst til at spise?

Person A: Jeg er åben for forslag. Hvad med dig? Er der noget specifikt, du har lyst til?

Person B: Jeg har faktisk lyst til at prøve det nye italienske sted, der åbnede i nærheden. Har du lyst til italiensk mad?

Person A: Ja, det lyder godt. Jeg elsker italiensk mad. Lad os gå derhen. Hvad er navnet på restauranten?

Person B: Den hedder "La Trattoria". Jeg har hørt, at de serverer lækker pizza og pasta.

Person A: Perfekt! Jeg er helt sulten nu. Lad os komme afsted.

På restauranten

Person A: Wow, stedet ser virkelig hyggeligt ud. Lad os finde et bord.

Person B: Ja, det ser dejligt ud. Hvad med det bord ved vinduet?

ORDERING FOOD AT A RESTAURANT

Person A: Hi! How are you today?

Person B: Hi! I'm good, thank you. How about you?

Person A: I'm also fine, thank you. I really feel like eating out today. Would you like to join me at a restaurant?

Person B: That sounds like a good idea! What kind of food would you like to eat?

Person A: I'm open to suggestions. How about you? Is there anything specific you'd like?

Person B: Actually, I feel like trying the new Italian place that opened nearby. Do you feel like having Italian food?

Person A: Yes, that sounds good. I love Italian food. Let's go there. What's the name of the restaurant?

Person B: It's called "La Trattoria." I've heard they serve delicious pizza and pasta.

Person A: Perfect! I'm quite hungry now. Let's go.

At the restaurant

Person A: Wow, the place looks really cozy. Let's find a table.

Person B: Yes, it looks nice. How about that table by the window?

!

Person A: Godt valg! Jeg kan godt lide at sidde ved vinduet og se på mennesker, der går forbi.

Servitricen kommer til bordet

Servitricen: Hej! Velkommen til La Trattoria. Hvordan kan jeg hjælpe jer i dag?

Person B: Hej! Tak skal du have. Vi er klar til at bestille. Kan du anbefale nogle af jeres populære retter?

Servitricen: Selvfølgelig! Vores mest populære pizza er "Quattro Formaggi", som er en fire-ostepizza. Vi har også en lækker "Spaghetti Bolognese" og "Lasagne al Forno". Er der noget specifikt, I har lyst til?

Person A: Pizzaen lyder fantastisk. Jeg vil gerne prøve "Quattro Formaggi". Og måske en sideordre af bruschetta.

Person B: Jeg tror, jeg vil have "Lasagne al Forno". Og kan jeg også få en grøn salat til?

Servitricen: Selvfølgelig! Vil I have noget at drikke til jeres måltid?

Person A: Jeg vil gerne have en cola, tak.

Person B: Jeg vil have en vand med citron, tak.

Servitricen: Det er noteret. Jeg vender tilbage med jeres drikkevarer og tager jeres bestilling med det samme.

Servitricen går for at afgive bestillingen

Person A: Jeg ser virkelig frem til maden. Hvad med dig?

Person A: Good choice! I like sitting by the window and watching people pass by.

The waitress approaches the table

Waitress: Hello! Welcome to La Trattoria. How can I assist you today?

Person B: Hi! Thank you. We're ready to order. Can you recommend some of your popular dishes?

Waitress: Of course! Our most popular pizza is "Quattro Formaggi," which is a four-cheese pizza. We also have a delicious "Spaghetti Bolognese" and "Lasagne al Forno." Is there anything specific you'd like?

Person A: The pizza sounds fantastic. I would like to try the "Quattro Formaggi." And maybe a side order of bruschetta.

Person B: I think I'll have the "Lasagne al Forno." And can I also get a green salad with it?

Waitress: Certainly! Would you like something to drink with your meal?

Person A: I'd like a cola, please.

Person B: I'll have a lemon-infused water, please.

Waitress: Noted. I'll be back with your drinks and will take your order right away.

The waitress goes to place the order

Person A: I'm really looking forward to the food. How about you?

Person B: Ja, jeg er også spændt. Jeg har hørt, at deres lasagne er virkelig lækker. Og du vil elske pizzaen!

Person A: Det håber jeg virkelig. Jeg kan næsten smage osten allerede.

Servitricen vender tilbage med drikke varerne

Servitricen: Her er jeres drikkevarer. Jeres mad vil blive serveret om et øjeblik. Er der noget andet, jeg kan hjælpe med?

Person B: Nej, det er fint. Tak!

Person A: Tak skal du have!

Servitricen går for at hente maden

Person B: Nu begynder det at dufte fantastisk. Jeg kan se servitricen kommer med vores mad.

Person A: Ja, lad os tage vores første bid og nyde måltidet.

Mad bliver serveret

Person A: Mmm, pizzaen ser fantastisk ud! Den ser virkelig lækker ud. Hvordan smager lasagnen?

Person B: Den ser perfekt ud. Lad os smage på det!

Begge begynder at spise og smage på maden

Person A: Mmm, denne pizza er virkelig god. Osten smelter i munden.

Person B: Lasagnen er fantastisk! Den er så velsmagende og fyldig. Og salaten passer perfekt til det hele.

Person B: Yes, I'm excited too. I've heard their lasagne is really delicious. And you'll love the pizza!

Person A: I certainly hope so. I can almost taste the cheese already.

The waitress returns with the drinks

Waitress: Here are your drinks. Your food will be served shortly. Is there anything else I can assist you with?

Person B: No, that's fine. Thank you!

Person A: Thank you!

The waitress goes to bring the food

Person B: Now it's starting to smell amazing. I can see the waitress coming with our food.

Person A: Yes, let's take our first bite and enjoy the meal.

The food is served

Person A: Mmm, the pizza looks fantastic! It looks really delicious. How does the lasagne taste?

Person B: It looks perfect. Let's give it a taste!

Both start eating and tasting the food

Person A: Mmm, this pizza is really good. The cheese melts in your mouth.

Person B: The lasagne is fantastic! It's so flavorful and rich. And the salad complements it perfectly.

Person A: Jeg er glad for, at vi besluttede at prøve dette sted. Maden er virkelig lækker.

Person B: Ja, det er en rigtig god oplevelse. Lad os nyde hvert eneste bid.

De spiser og nyder måltidet

Person A: Jeg er helt mæt nu. Hvad med dig?

Person B: Jeg er også fyldt op. Maden var virkelig tilfredsstillende.

Person A: Lad os bede om regningen og betale.

Servitricen kommer for at bringe regningen

Servitricen: Her er jeres regning. Betaling kan ske ved kassen.

Person A: Tak!

Person B: Tak skal du have!

Person A og Person B betaler og forlader restauranten

Person A: Det var en fantastisk frokost. Tak fordi du sluttede dig til mig.

Person B: Jeg havde det også rigtig godt. Tak for invitationen. Lad os gøre det igen snart!

Person A: Det lyder som en plan! Vi ses snart. Pas på dig selv!

Person B: I lige måde! Farvel!

Person A: I'm glad we decided to try this place. The food is really delicious.

Person B: Yes, it's been a really good experience. Let's enjoy every bite.

They eat and enjoy the meal

Person A: I'm completely full now. How about you?

Person B: I'm also stuffed. The food was really satisfying.

Person A: Let's ask for the bill and pay.

The waitress comes to bring the bill

Waitress: Here's your bill. Payment can be made at the cashier.

Person A: Thank you!

Person B: Thank you!

Person A and Person B pay and leave the restaurant

Person A: That was a fantastic lunch. Thank you for joining me.

Person B: I had a great time too. Thanks for the invitation. Let's do it again soon!

Person A: Sounds like a plan! See you soon. Take care!

Person B: Same to you! Goodbye!

UNDSKYLDNINGER

Matematiklærer: Goddag! Jeg kan se, at du ikke har lavet dit matematik-hjemmearbejde igen. Hvad er undskyldningen denne gang?

Elev: Øh, ja, du ser... Jeg ville have lavet det, men min hund spiste mine matematiknoter. Det er sandt!

Matematiklærer: Din hund spiste dine matematiknoter? Er du seriøs? Det lyder som en absurd undskyldning.

Elev: Nej, det er virkelig sandt! Han elsker papir, og da jeg kom hjem, lå mine noter i stykker på gulvet.

Matematiklærer: Det er simpelthen ikke acceptabelt. Du er ansvarlig for dit eget arbejde og dine opgaver. Du kan ikke bare komme med latterlige undskyldninger hver gang.

Elev: Jeg lover, det vil ikke ske igen. Det var en engangshændelse, ærligt!

Matematiklærer: Jeg har hørt mange af dine "engangshændelser". Før var det din computer, der crashede, og før det var det din lillebror, der spiste dine blyanter. Det er på tide at tage ansvar for dine handlinger.

Elev: Jeg forstår, at det virker som om jeg laver opdigtede undskyldninger, men jeg lover, at jeg virkelig vil gøre mit bedste næste gang.

Matematiklærer: Det håber jeg virkelig. Matematik er vigtigt, og det er vigtigt at gøre dit arbejde og lære. Jeg vil gerne se mere dedikation og ansvar fra din side.

Elev: Jeg vil virkelig prøve hårdere. Jeg ved, at matematik er vigtigt, og jeg vil ikke falde bagud.

EXCUSES

Math Teacher: Good day! I can see that you haven't done your math homework again. What's the excuse this time?

Student: Uh, well, you see... I would have done it, but my dog ate my math notes. It's true!

Math Teacher: Your dog ate your math notes? Are you serious? That sounds like an absurd excuse.

Student: No, it's really true! He loves paper, and when I came home, my notes were torn up on the floor.

Math Teacher: That's simply not acceptable. You are responsible for your own work and assignments. You can't just come up with ridiculous excuses every time.

Student: I promise, it won't happen again. It was a one-time thing, honestly!

Math Teacher: I've heard many of your "one-time things." Before it was your computer crashing, and before that, it was your little brother eating your pencils. It's time to take responsibility for your actions.

Student: I understand it seems like I make up excuses, but I promise I will really do my best next time.

Math Teacher: I truly hope so. Math is important, and it's important to do your work and learn. I would like to see more dedication and responsibility from your side.

Student: I will really try harder. I know math is important, and I don't want to fall behind.

Matematiklærer: Det er godt at høre. Jeg vil gerne se, at du tager dine opgaver seriøst og ikke finder på undskyldninger. Hvis du har brug for hjælp, skal du bare spørge mig eller en klassekammerat.

Elev: Tak, det vil jeg huske. Jeg vil spørge om hjælp, hvis jeg har brug for det, og jeg vil tage mine opgaver mere seriøst.

Matematiklærer: Det er det, jeg gerne vil høre. Jeg er her for at hjælpe dig, så sørg for at udnytte det. Vi vil arbejde sammen for at forbedre dine matematikfærdigheder.

Elev: Det lyder godt. Jeg vil gøre en indsats for at forbedre mig og tage mit matematikarbejde seriøst. Tak for din tålmodighed, selvom mine undskyldninger har været latterlige.

Matematiklærer: Du er velkommen. Vi kan alle lave fejl, men det er vigtigt at lære af dem og arbejde på at blive bedre. Lad os se fremad og gøre det bedste ud af resten af skoleåret.

Elev: Ja, lad os det! Jeg er klar til at tage ansvar og lære matematik. Jeg vil ikke skuffe dig eller mig selv.

Matematiklærer: Det er den ånd! Jeg ser frem til at se dig blomstre og nå dit fulde potentiale i matematik. Held og lykke!

Elev: Tak, det sætter jeg virkelig pris på. Jeg vil gøre mit bedste. Vi ses i næste time!

Latterlige undskyldninger: Ludicrous excuses
Revet i stykker: Torn up

Math Teacher: That's good to hear. I would like to see you take your assignments seriously and not come up with excuses. If you need help, just ask me or a classmate.

Student: Thank you, I will remember that. I will ask for help if I need it, and I will take my assignments more seriously.

Math Teacher: That's what I want to hear. I'm here to help you, so make sure to take advantage of it. We will work together to improve your math skills.

Student: That sounds good. I will make an effort to improve and take my math work seriously. Thank you for your patience, even though my excuses have been ridiculous.

Math Teacher: You're welcome. We all make mistakes, but it's important to learn from them and work towards improvement. Let's look ahead and make the most out of the rest of the school year.

Student: Yes, let's! I'm ready to take responsibility and learn math. I won't disappoint you or myself.

Math Teacher: That's the spirit! I look forward to seeing you thrive and reach your full potential in math. Good luck!

Student: Thank you, I really appreciate it. I will do my best. See you in the next class!

Ansvar: Responsibility
Bagud: Fall behind
Tålmodighed: Patience
Udnytte: Take advantage of
Fejl: Mistakes
Trives: Thrive
Nå sit fulde potentiale: Reach one's full potential
Skolegang: Schoolwork

I OSLO

Person A: Hej, har du bemærket, hvor dyrt alt er blevet for nylig?

Person B: Ja, det er virkelig skræmmende. Især prisen på alkohol er helt ude af kontrol.

Person A: Helt enig! Jeg kan næsten ikke tro, hvor meget det koster at købe en øl på en bar i dag.

Person B: Ja, det er vanvittigt. Det er som om prisen bare fortsætter med at stige og stige.

Person A: Og det er ikke kun øl. Selv vin og spiritus er blevet så dyre.

Person B: Det er sandt. Jeg plejede at kunne købe en flaske vin til en rimelig pris, men nu virker det som om jeg skal betale en formue for noget af ordentlig kvalitet.

Person A: Jeg savner virkelig de gode gamle dage, hvor man kunne nyde et par drinks uden at skulle bekymre sig om at sprænge budgettet.

Person B: Ja, det er virkelig blevet en udfordring at have et socialt liv uden at tømme bankkontoen.

Person A: Og det er ikke kun i barer og restauranter. Selv i supermarkedet er priserne på alkohol steget markant.

Person B: Det er helt vildt. Jeg plejede at kunne købe en kasse øl til en rimelig pris, men nu føles det som om jeg betaler prisen for en hel skattejagt.

IN OSLO

Person A: Hey, have you noticed how expensive everything has become lately?

Person B: Yes, it's really frightening. Especially the price of alcohol is completely out of control.

Person A: Completely agree! I can hardly believe how much it costs to buy a beer at a bar these days.

Person B: Yes, it's insane. It's like the price just keeps on rising and rising.

Person A: And it's not just beer. Even wine and spirits have become so expensive.

Person B: That's true. I used to be able to buy a bottle of wine at a reasonable price, but now it seems like I have to pay a fortune for something of decent quality.

Person A: I really miss the good old days when you could enjoy a few drinks without worrying about breaking the bank.
Person B: Yes, it has really become a challenge to have a social life without emptying the bank account.

Person A: And it's not just in bars and restaurants. Even at the supermarket, the prices of alcohol have risen significantly.

Person B: It's insane. I used to be able to buy a case of beer at a reasonable price, but now it feels like I'm paying the price for a treasure hunt.

Person A: Og hvis man vil nyde et glas vin derhjemme, kan man lige så godt tage et lån for at have råd til det.

Person B: Ja, det virker virkelig urimeligt. Jeg forstår ikke, hvorfor priserne er steget så meget.

Person A: Måske er det på grund af afgifterne og skatterne på alkohol. Men uanset årsagen er det virkelig frustrerende.

Person B: Absolut. Jeg håber virkelig, at noget bliver gjort for at lette byrden for os forbrugere.

Person A: Ja, det ville være rart med en form for regulering eller tiltag for at gøre alkohol mere overkommelig for almindelige mennesker.

Person B: Lad os håbe, at der sker ændringer snart. Det er virkelig blevet en byrde at nyde en simpel drink i vores eget land.

Person A: Enig. Lad os krydse fingre for, at tingene ændrer sig til det bedre. Indtil da bliver det vist til at holde lidt igen med at nyde alkohol ude.

Person B: Ja, det virker som det eneste fornuftige valg lige nu. Måske kan vi finde billigere alternativer eller vente på bedre tilbud.

Person A: Præcis. Vi må være kreative og finde måder at nyde vores tid sammen uden at bruge en formue.

Person B: Det er en god idé. Lad os se positivt på det og finde nye måder at have det sjovt uden at blive ruineret.

Person A: Lyder som en plan! Lad os gøre det bedste ud af det og ikke lade de høje priser ødelægge vores humør.

Person A: And if you want to enjoy a glass of wine at home, you might as well take out a loan to afford it.

Person B: Yeah, it really seems unfair. I don't understand why the prices have increased so much.

Person A: Maybe it's because of the taxes and duties on alcohol. But regardless of the reason, it's really frustrating.

Person B: Absolutely. I really hope that something will be done to ease the burden for us consumers.

Person A: Yes, it would be nice to have some kind of regulation or measures to make alcohol more affordable for ordinary people.

Person B: Let's hope that changes will happen soon. It has really become a burden to enjoy a simple drink in our own country.

Person A: Agreed. Let's keep our fingers crossed for things to change for the better. Until then, it seems like we'll have to hold back a bit on enjoying alcohol out.

Person B: Yeah, it seems like the only sensible choice for now. Maybe we can find cheaper alternatives or wait for better deals.

Person A: Exactly. We have to be creative and find ways to enjoy our time together without spending a fortune.

Person B: That's a good idea. Let's look at it positively and find new ways to have fun without being ruined.

Person A: Sounds like a plan! Let's make the best of it and not let the high prices ruin our mood.

Person B: Helt enig. Lad os være taknemmelige for det, vi har, og nyde hinandens selskab uden at bekymre os for meget om prisen.

Person A: Det lyder som den rigtige indstilling. Lad os komme i gang med at finde alternative måder at have det sjovt og nyde livet.

Person B: Jeg er med dig! Lad os gå på opdagelse og se, hvad vores by har at tilbyde uden at tømme vores tegnebøger.

Person A: Perfekt! Lad os begynde rejsen mod mere overkommelig og stadig sjov tid sammen.

Person B: Jeg er helt enig. Lad os gøre det!

Person B: Completely agree. Let's be grateful for what we have and enjoy each other's company without worrying too much about the price.

Person A: That sounds like the right attitude. Let's start exploring and find new ways to have fun and enjoy life.

Person B: I'm with you! Let's go on an adventure and see what our city has to offer without emptying our wallets.

Person A: Perfect! Let's embark on the journey towards more affordable yet enjoyable time together.

Person B: I completely agree. Let's do it!

TRIST I SVERIGE

Person A: Ej, jeg savner Danmark så meget. Det er ikke det samme her i Sverige.

Person B: Ja, det kan jeg godt forstå! Der er bare noget særligt ved vores lille hjemland.

Person A: Helt ærligt! Jeg savner vores hyggelige danske kultur og vores mærkelige danske vaner.

Person B: Ja, som for eksempel vores udtale af "r" lyden. Her i Sverige lyder det bare ikke rigtigt.

Person A: Og hvad med vores danske mad? Jeg savner smagen af flæskesteg og frikadeller.

Person B: Åh ja, og rugbrød med leverpostej! Det er ikke det samme her uden vores danske favoritter.

Person A: Og ikke at glemme vores danske humør. Vi er bare mere sjove og fjollede end svenskere.

Person B: Ja, de kan være lidt for alvorlige til tider. Vi bringer altid smil og latter til festerne.

Person A: Og hvad med vores sprog? Jeg savner at høre dansk rundt omkring. Her er alt bare på svensk.

Person B: Ja, det kan være forvirrende at skulle skifte til svensk. Nogle gange kommer jeg til at blande det hele sammen.

Person A: Og vi kan ikke glemme vores danske sommertraditioner. Jeg savner at fejre midsommer og gå til danske festivaler.

SAD IN SWEDEN

Person A: Oh, I miss Denmark so much. It's just not the same here in Sweden.

Person B: Yeah, I can understand that! There's just something special about our little homeland.

Person A: Absolutely! I miss our cozy Danish culture and our quirky Danish habits.

Person B: Yes, like our pronunciation of the "r" sound. It just doesn't sound right here in Sweden.

Person A: And what about our Danish food? I miss the taste of roast pork and meatballs.

Person B: Oh yeah, and rye bread with liver pate! It's just not the same here without our Danish favorites.

Person A: And not to mention our Danish sense of humor. We're just funnier and goofier than the Swedes.

Person B: Yeah, they can be a bit too serious at times. We always bring smiles and laughter to the parties.

Person A: And what about our language? I miss hearing Danish all around. Everything here is just in Swedish.

Person B: Yeah, it can be confusing to switch to Swedish. Sometimes I mix it all up.

Person A: And we can't forget our Danish summer traditions. I miss celebrating Midsummer and going to Danish festivals.

Person B: Ja, det er en del af vores identitet. Sverige har sikkert også nogle fine traditioner, men det er bare ikke det samme.

Person A: Ej, lad os lave vores eget lille Danmark her i Sverige. Vi kan finde danske restauranter og holde danske film-aftener.

Person B: Ja, det lyder som en fantastisk idé! Vi kan invitere andre danske sjæle, der også savner hjemmet.

Person A: Og måske kan vi lære svenskere nogle af vores danske vaner og traditioner. Vi kan skabe vores egen lille dansk-svenske fusion.

Person B: Det ville være sjovt! Vi kan få dem til at sige "skål" i stedet for "skål" og lære dem at danse folkedans.

Person A: Haha, ja! Lad os sprede den danske glæde og charme her i Sverige. Vi kan vise dem, hvad de går glip af.

Person B: Absolut! Vi kan være de danske ambassadører i Sverige og bringe lidt hjemligt savn og sjov til vores nye land.

Person A: Lad os gøre det! Danmark og Sverige kan være venner og dele glæde og grin sammen.

Person B: Enig! Vi vil altid være danskere i hjertet, men vi kan også skabe nye minder og venner her i Sverige.

Person A: Præcis! Lad os omfavne vores nye eventyr og aldrig glemme vores danske rødder.

Person B: Skål for det! På vores danske-svenske eventyr og på at være stolte af, hvor vi kommer fra.

Person B: Yeah, it's part of our identity. Sweden probably has some fine traditions too, but it's just not the same.

Person A: Oh, let's create our own little Denmark here in Sweden. We can find Danish restaurants and have Danish movie nights.

Person B: Yes, that sounds like a fantastic idea! We can invite other Danish souls who also miss home.

Person A: And maybe we can teach Swedes some of our Danish habits and traditions. We can create our own Danish-Swedish fusion.

Person B: That would be fun! We can make them say "skål" instead of "skål" and teach them how to dance folk dances.

Person A: Haha, yes! Let's spread Danish joy and charm here in Sweden. We can show them what they're missing out on.

Person B: Absolutely! We can be the Danish ambassadors in Sweden and bring a little homesick fun to our new country.

Person A: Let's do it! Denmark and Sweden can be friends and share joy and laughter together.

Person B: Agreed! We'll always be Danes at heart, but we can also create new memories and friends here in Sweden.

Person A: Exactly! Let's embrace our new adventure and never forget our Danish roots.

Person B: Cheers to that! To our Danish-Swedish adventure and to being proud of where we come from.

Person A: Skål! Lad os bringe Danmark til Sverige og have det sjovt undervejs.

Person B: Skål og sjov! Lad os gå ud og erobre Sverige med vores danske charme og humor.

Person A: Det er en plan! Lad os gå!

Person B: Ja, vi har et land at erobre og masser af grin at dele. Danmark, her er vi!

Person A: Svenskerne vil aldrig vide, hvad der ramte dem. Lad os gå og være danske i Sverige!

Person A: Cheers! Let's bring Denmark to Sweden and have fun along the way.

Person B: Cheers and fun! Let's go out there and conquer Sweden with our Danish charm and humor.

Person A: That's the plan! Let's go!

Person B: Yeah, we have a country to conquer and plenty of laughter to share. Denmark, here we come!

Person A: The Swedes will never know what hit them. Let's go and be Danish in Sweden!

Mærkelige: Strange
Udtale: Pronunciation
Flæskesteg: Roast pork
Fjollede: Silly
Rundt omkring: Around
Hjemligt: Homely
Rødder: Roots
Erobre: Conquer

DEN LILLE HAVFRUE

Eventyret om Den Lille Havfrue er en af H.C. Andersens mest kendte fortællinger. Det er historien om en ung havfrue, der længes efter at blive menneske og opleve den verden, der ligger uden for havet.

Havfruen bor sammen med sin far, havkongen, og sine fem søstre i en smuk undervandspalads. En dag, da hun er blevet 15 år gammel, får hun lov til at svømme op til havets overflade for første gang. Der ser hun et skib med en ung prins om bord. Havfruen bliver øjeblikkeligt betaget af prinsens skønhed og forelsker sig i ham.

Desværre bryder en forfærdelig storm ud, og prinsens skib synker. Havfruen redder prinsen fra at drukne og bringer ham til land. Selvom hun elsker ham, kan hun ikke blive hos ham, da hun er en havfrue. Hun vender tilbage til havet og opsøger den onde havheks for at få hjælp.

Havheksen tilbyder havfruen en magisk drik, der vil forvandle hendes hale til menneskeben. Men der er en pris. Havfruen skal give afkald på sin stemme og blive helt stum. Hvis prinsen gifter sig med en anden kvinde, vil havfruen opløses til skum på havet og leve resten af sine dage som et luftånd.

Havfruen accepterer betingelserne og drikker den magiske drik. Hun bliver en smuk ung kvinde og møder prinsen igen. Selv uden sin stemme forsøger hun at vinde hans hjerte gennem sin ynde og ømhed. Prinsen er imponeret, men han har stadig sin hjerte knyttet til den mystiske havfrue, der reddede ham fra druknedøden.

THE LITTLE MERMAID

The Fairy Tale of The Little Mermaid is one of H.C. Andersen's most well-known stories. It is the story of a young mermaid who longs to become human and experience the world beyond the sea.

The mermaid lives with her father, the sea king, and her five sisters in a beautiful underwater palace. One day, when she turns 15 years old, she is allowed to swim up to the surface of the sea for the first time. There, she sees a ship with a young prince on board. The mermaid is instantly captivated by the prince's beauty and falls in love with him.

Unfortunately, a terrible storm breaks out, and the prince's ship sinks. The mermaid saves the prince from drowning and brings him to the shore. Although she loves him, she cannot stay with him as she is a mermaid. She returns to the sea and seeks out the wicked sea witch for help.

The sea witch offers the mermaid a magical potion that will transform her tail into human legs. But there is a price to pay. The mermaid must give up her voice and become completely mute. If the prince marries another woman, the mermaid will dissolve into foam on the sea and spend the rest of her days as a spirit of the air.

The mermaid accepts the conditions and drinks the magical potion. She becomes a beautiful young woman and reunites with the prince. Even without her voice, she tries to win his heart through her grace and tenderness. The prince is impressed, but his heart is still attached to the mysterious mermaid who saved him from drowning.

Til sidst beslutter prinsen at gifte sig med en anden kvinde, som han tror reddede ham fra havet. Havfruens hjerte knuses, og hun står over for sin skæbne med at blive til skum. Men inden hun opløses, bliver hun forvandlet til en ånd af luften af de gode ånder på grund af hendes uselviske handlinger.

Historien om Den Lille Havfrue er både smuk og hjerteskærende. Den handler om kærlighed, opofrelse og længslen efter at finde sin plads i verden. Andersen formår at fortælle en dybt rørende historie, der berører vores følelser og efterlader os med et budskab om mod og kærlighedens kraft.

Den Lille Havfrue er blevet en ikonisk figur i dansk kultur og er også kendt internationalt. Statuen af Den Lille Havfrue i København er et populært turistmål og symboliserer både eventyret og Danmarks forbindelse til H.C. Andersen.

Fortællingen om Den Lille Havfrue vil forblive en elsket del af den danske litterære arv og fortsætte med at berøre læsere i alle aldre med sin tidløse skønhed og dybe følelsesmæssige rækkevidde.

In the end, the prince decides to marry another woman whom he believes saved him from the sea. The mermaid's heart is shattered, and she faces her fate of turning into foam. But before she dissolves, she is transformed into a spirit of the air by the benevolent spirits due to her selfless actions.

The story of The Little Mermaid is both beautiful and heartbreaking. It is about love, sacrifice, and the longing to find one's place in the world. Andersen manages to tell a deeply moving tale that touches our emotions and leaves us with a message of courage and the power of love.

The Little Mermaid has become an iconic figure in Danish culture and is also known internationally. The statue of The Little Mermaid in Copenhagen is a popular tourist attraction and symbolizes both the fairy tale and Denmark's connection to H.C. Andersen.

The tale of The Little Mermaid will remain a beloved part of Danish literary heritage and continue to touch readers of all ages with its timeless beauty and profound emotional depth.

Fortællingen - The tale/story
Havkongen - The sea king
Undervandspalads - Underwater palace
Drunknedøden - Drowning death
Havheks - Sea witch
Ånd af luften - Spirit of the air
Rækkevidde - Reach

EN LILLE PIGE VED NAVN KAREN

Der var engang en lille pige ved navn Karen, der boede sammen med sin stedmor og stedsøstre. Karen var en stille og sød pige, men hun var også meget fattig. Hendes stedmor og stedsøstre behandlede hende dårligt og tvang hende til at udføre hårdt arbejde i huset.

En dag blev Karen bedt om at tage ud i skoven for at hente brænde. Mens hun gik dybt ind i skoven, kom hun pludselig over et lille hus. Karen bankede forsigtigt på døren, og døren blev åbnet af en venlig gammel kvinde. Kvinden introducerede sig selv som en fe og inviterede Karen indenfor.

Feen spurgte Karen, om der var noget, hun ønskede sig mest af alt. Karen tøvede ikke og sagde, at hun ønskede sig skønhed og rigdom. Feen smilede og gav Karen en magisk nøgle, der kunne åbne en hemmelig dør.

Karen gik tilbage til sit hjem og brugte nøglen til at åbne døren. Bag døren var der en fortryllet have fyldt med smukke blomster og træer. Karen gik rundt og nød synet af haven, men pludselig kom hun i tanke om, at hun havde glemt at lukke døren.

Da Karen vendte tilbage til døren, var det for sent. Haven var forsvundet, og nøglen var væk. Karen følte sig tom og ensom. Hun forstod nu, at skønhed og rigdom ikke var det vigtigste i livet.

Karen begyndte at ændre sig og blev mere opmærksom på de ting, der virkelig betød noget. Hun begyndte at hjælpe andre og vise medfølelse og kærlighed. Langsomt begyndte hendes liv at ændre sig til det bedre.

A LITTLE GIRL NAMED KAREN

Once upon a time, there was a little girl named Karen who lived with her stepmother and stepsisters. Karen was a quiet and sweet girl, but she was also very poor. Her stepmother and stepsisters treated her poorly and forced her to do hard work in the house.

One day, Karen was asked to go into the forest to fetch firewood. As she walked deep into the forest, she suddenly came across a little house. Karen gently knocked on the door, and the door was opened by a kind old woman. The woman introduced herself as a fairy and invited Karen inside.

The fairy asked Karen if there was something she wished for most of all. Karen didn't hesitate and said that she wished for beauty and wealth. The fairy smiled and gave Karen a magical key that could open a secret door.

Karen returned to her home and used the key to open the door. Behind the door was an enchanted garden filled with beautiful flowers and trees. Karen walked around and enjoyed the sight of the garden, but suddenly she realized that she had forgotten to close the door.

When Karen returned to the door, it was too late. The garden had disappeared, and the key was gone. Karen felt empty and lonely. She now understood that beauty and wealth were not the most important things in life.

Karen began to change and became more aware of the things that truly mattered. She started helping others and showing compassion and love. Slowly, her life began to change for the better.

En dag mødte Karen en ung prins, der var blevet betaget af hendes ærlighed og venlighed. De forelskede sig og blev gift. Karen opdagede, at den ægte skønhed kommer indefra og ikke kan købes eller fortrylles.

Fra den dag levede Karen og prinsen lykkeligt sammen. De delte deres rigdomme med dem, der havde brug for det, og Karen vidste nu, at ægte rigdom kommer fra at elske og blive elsket.

Sådan endte eventyret om Karen, der lærte den dyrebare lektion om, at skønhed og rigdom ikke er det vigtigste i livet, men at kærlighed, medfølelse og ægthed er vejen til sand lykke.

One day, Karen met a young prince who was captivated by her honesty and kindness. They fell in love and got married. Karen discovered that true beauty comes from within and cannot be bought or enchanted.

From that day on, Karen and the prince lived happily together. They shared their wealth with those in need, and Karen now knew that true wealth comes from loving and being loved.

That's how the story of Karen ended, as she learned the precious lesson that beauty and wealth are not the most important things in life, but that love, compassion, and authenticity are the path to true happiness.

Stedmor - Stepmother
Stedsøstre - Stepsisters
Behandlede - Treated
Dårligt - Poorly
Udføre - Perform
Hemmelig - Secret
Fortryllet - Enchanted
Fyldt - Filled
Tom - Empty
Ensom - Lonely
Ændre - Change
Opmærksom - Attentive
Medfølelse - Compassion
Ærlighed - Honesty
Betaget - Captivated
Lykkeligt - Happily
Sand - True

Other languages in the Rosetta Series:

Afrikaans
Albanian
Amharic
Arabic
Armenian (East, West)
Bengali
Bulgarian
Cantonese
Catalan (ENG, ESP)
Croatian
Czech
Danish
Dutch
Estonian
Esperanto (ENG, FRE, GER)
Farsi
Finnish
Frisian
Galician (ENG, ESP)
Gujarati
Hawaiian
Hebrew
Hindi
Hungarian
Icelandic
Indonesian
Irish
Italian
Japanese
Kazakh
Khmer
Korean
Lao
Latvian
Lithuanian
Maori
Malay
Mandarin (Banned on Weibo)
Neapolitan (ENG, ITA)
Nepali
Norwegian
Polish
Portuguese
Punjabi
Romanian
Romansh
Russian (And then it got worse)
Sami
Serbian
Sicilian (ENG, ITA)
Slovak
Slovene
Somali
Swahili
Swedish
Tagalog
Tamil
Thai
Turkish
Ukrainian
Urdu
Vietnamese
Welsh
Zulu